EXPOSITION UNIVERSELLE DE LYON

LISTE COMPLÈTE

PAR

Groupes, Classes et Sections

DES

RÉCOMPENSES

DÉCERNÉES AUX EXPOSANTS

COMPOSITION DES JURYS

RENSEIGNEMENTS

PRIX : UN FRANC

LYON
IMPRIMERIE ADMINISTRATIVE DE Vᵉ CHANOINE
10, PLACE DE LA CHARITÉ, 10
1872

EXPOSITION UNIVERSELLE DE LYON

LISTE COMPLÈTE

PAR

Groupes, Classes et Sections

DES

RÉCOMPENSES

DÉCERNÉES AUX EXPOSANTS

COMPOSITION DES JURYS

RENSEIGNEMENTS

PRIX : UN FRANC

LYON
IMPRIMERIE ADMINISTRATIVE DE Vᵉ CHANOINE
10, PLACE DE LA CHARITÉ, 10
1872

AVANT-PROPOS

Nous croyons rendre un véritable service aux Industriels, pour qui l'Exposition de Lyon et ses résultats peuvent avoir de l'intérêt, en publiant ce petit travail que l'Administration a négligé de faire elle même.

Il contient tout ce qui peut intéresser les Exposants et pour leur être plus utile, ceux qui ont eu l'idée de publier cet opuscule ont voulu se mettre à la disposition du grand nombre de ceux qui ignorent encore quel est le module de la médaille adopté et de quelle façon on peut retirer son diplôme.

Ils croient aussi leur rendre réellement service, en se chargeant pour eux des démarches à faire pour tout ce qui est mentionné à la fin de cette brochure, dans le paragraphe intitulé : RENSEIGNEMENTS.

NOTA

Les personnes, qui désireraient recevoir un certain nombre d'exemplaires de la liste, sont informées qu'il leur sera fait une réduction de :

10 %	pour	10	exemplaires;
15	—	25	—
20	—	50	—
40	—	100	—

Si malgré le soin extrême que nous avons apporté à la confection de ces listes il s'y était glissé quelques erreurs, nous prions les intéressés de nous les signaler. Nous pensons qu'elles sont peu nombreuses et nous en rejetons la faute sur l'administration qui a absolument refusé de nous laisser faire nos corrections sur les listes officielles qu'elle s'abstient cependant de publier.

EXPOSITION DE LYON

LISTE

DES

JURYS & DES RÉCOMPENSÉS

NOMINATIONS

DANS

L'ORDRE DE LA LÉGION-D'HONNEUR

M. DUSSEIGNEUR-KLÉBER, de Lyon.......... *officier.*

MM. COIGNET, de Lyon.................... *chevalier.*

DABONNEAU, de Lyon.................... *chevalier.*

GENESTE, de Paris.................... *chevalier.*

KLÉBER, de Rives.................... *chevalier.*

LEMOINE, de Paris.................... *chevalier.*

PLISSONNIER, de Lyon.................... *chevalier.*

Dans les listes des *récompensés*, nous n'avons reproduit, avec la mention HORS CONCOURS, que le noms des exposants qui ont reçu cette haute distinction de leurs jurys, — MM. les *jurés-exposants* étant HORS CONCOURS de droit.

GROUPE IER

Origine, Industrie et Produit de la Soie

SECTION PREMIÈRE

Production de la Soie

CLASSE PREMIÈRE

Appareils de la magnanerie asiatique. Méthodes diverses d'éclosion, chauffage, boisage, délitage du Japon, de la Chine, Cochinchine, etc. — Appareils de la magnanerie européenne. — Méthodes diverses d'éclosion, chauffage, ventilation, filets, bruyères, claies, cellules, etc.

Magnaneries en activité. Procédés d'élevage japonais, chinois, indiens orientaux, etc. — Procédés européens. — Éducation du ver en plein air. — Collections de cocons. Echantillons de cocons de tous pays. — Documents relatifs à la maladie des vers à soie. — Fabrication de la graine de vers à soie. Cadres japonais, procédés japonais, cartons et papiers. — Procédés européens. Harpes, grainage, cellulaire. Histoire des parasites du cocon Bengale et Japon, Gudji. Diagnostic des papillons et graines, instruments. — Examen microscopique. — Appareils servant à la conservation, à l'emballage et au transport des graines.

CLASSE 2e

Etouffage des cocons. — Procédés d'étouffage, primitifs, asiatiques. — Etouffage à vapeur, systèmes mixtes, vapeur et air chaud. — A air chaud avec séchage de cocons. — Procédé à vapeur gazeuze. — Coconnières. — Appareils divers pour l'aménagement des cocons. — Triage des cocons. — Histoire des cocons défectueux, avec types.

CLASSE 3e

Filature de la soie. — Appareils primitifs de filature long guindre : chinois, cochinchinois, russes, persans, espagnols, turcs.

Filatures à vapeur européennes, à la Chambon.

Filatures à vapeur européennes, à la Tavelle.

Filatures à vapeur européennes, sur bobines.

Filatures a vapeur européennes, à battage séparé.

Filatures à vapeur européennes, avec torsion et ouvraison.

Tours comptés à la filature. — Menus appareils à l'usage de la filature. — Croiseurs, réglages, filières, porte-bouts, etc.

CLASSE 4e

Soies gréges. — De Perse, de Chine, de Bengale, du Japon, — de Russie, Caucase, Mingrélie, Daghestan, Géorgie, Schirwann, — de Turquie, Bosnie, Thessalie, Macédoine, Archipel turc, Anatolie, Syrie, Arménie, — de Grèce, — de l'Archipel grec, d'Egypte. — d'Amérique, Equateur, Chili, Confédération argentine, Urugay, Californie, — d'Autriche, Bohême, Moravie, Hongrie, Carinthie, Croatie, Carniole, Gallicie, Esclavonie, Transylvanie,, Dalmatie, — de Prusse, — des Principautés, — Valachie, — Bulgarie, — de Portugal, — d'Espagne, — Iles Baleares, Iles Canaries, — d'Angleterre, Malte, Iles Ioniennes, Cap de Bonne-Espérance, Natal, Australie, — d'Italie, Piémont, Lombardie, Toscane, Duchés, Tyrol, Frioul, Romagne, Etats-Pontificaux, Naples, Calabre, Sicile, — de France, Corse, Algérie, Cochinchine, Réunion, Guyanne.

CLASSE 5e

Bas produits de la filature en tous pays. — Cocons doubles, cocons percés, cocons bassinés, frisons, frisonnets, ouates, etc. — Procédés de décreusage et schappage. — Machines servant au cardage. — Barbes diverses de fantaisie. — Machines servant à la filature, fantaisies filées. — Appareils de grillage, élaçage, etc.

CLASSE 6e

Moulinage de la soie. — Moulins primitifs, chinois, cochinchinois, asiatiques. — Moulins ronds piémontais. — Moulins français. — Moulins anglais. — Moulins à triple effet. — Menus appareils du moulinage, fuseaux, crapaudines, réglages, purgeoirs, presses, etc.

CLASSE 7e

Soies ouvrées de tous les pays déjà cités. — Bas produits du moulinage, bourres.

CLASSE 8e

Machines à essayer les soies grèges et ouvrées, — Eprouvettes, balances. — Sérimètre, robinet, compteur d'apprêt. — Appareil à conditionner. — Appareil à décreuser.

COMPOSITION DU JURY

Président.

BESSON (Henry).......... LYON.

Secrétaire.

CHAMPAUHET-SARGEAS. VALS.

Membres.

CESANO.................. LYON.
GERVAIS (César)......... NIMES.
GOIAB (Adrien).......... LYON.
PARISET (Ernest)........ LYON.
DESGEORGES (Alphonse).. LYON.
ROE (Charles)............ LYON.
SEMENZA (Henri)......... LYON.
GERMAIN (Henri)......... LYON.
RAMBAUD (Thoral)...... LYON.
PASQUET (Léon).......... LYON.

NOMS DES RÉCOMPENSÉS

DIPLOMES D'HONNEUR

Chambre de commerce d'Aubenas (Ardèche). — Chambre de commerce de Nîmes. — Chambre de commerce de Turin. — Chambre de Commerce de Milan.

MÉDAILLES D'OR

Louis Boudon, de Saint-Jean-du-Gard. — Barès frères, de Saint-Julien, Saint-Alban. — Veuve J. Pujals, de Valence (Espagne). — Franc. Chicco, de Fossano (Piémont). — Louis Martin et Cie, de Lassalle (Gard). — Cantini Borgognini, de Pescia (Toscane). — Dusseigneur, de Lyon. — A. Keller, de Milan. — Goudareau frères, d'Avignon. — Louis Brotte, de Brousse (Asie). — J. Chabert et Cie, de Chomérac (Ardèche). — Veuve Louis Soubeyran, de Saint-Jean-du-Gard.

MÉDAILLES D'ARGENT

Pierre Pellet, de Saint-Jean-du-Gard. — Rouchetti frères, de Milan. — Gibelin et fils, de Lassalle (Gard). — Combier-Blanchon, de Livron (Drôme).—Combier frères, de Livron (Drôme). — Lascour, de Crest (Drôme) — Le khédive d'Egypte. — Meynard et Cie, de Valréas (Vaucluse). — Arlès-Dufour et Cie, de Lyon. — Beiin jeune, de St-Jean-de-Bournay (Isère). — Santi Borgheri, de Florence. — Manasse et fils, de Brousse (Asie). — Janico Papasoglia, de Brousse. — Pietro Abbatti, de Parme. — Mouzon Mercadal, d'Hijar (Espagne). — Compte-Calix et Cie, de Brousse. — Natale Bonani, de Udine. — A. Gaydon, de Turin. — Michel Bravo et fils, de Turin. — A. Gibert, de Milan. — Fratelli Verza, de Milan. — J.-A. Du pin, de la Tronche (Isère). — Marius Bouvié, de Dié. — A. Giretti, de Brichesrasio (Piémont). — Ferri et Cie, de Milan. — Jouffray, de Vienne. — Cte Bronno Bronski, de St-Selve (Gironde). — Bertaud et Cie, de Lyon. — Castrogiovani, de Turin. — E. Bindschedler, de Thann. — Ritaud, Plataret et Cie, de Paris. — Hamelin et fils, de Paris. — Veuve Jaricot et fils, de Lyon.— Gerolamo Tramontini, de Milan. — Amandy et fils, de Taulignan (Drôme). — Erba, de Milan. — Chardin, de Paris. — Plailly, de Paris. — Chabod, de Lyon.

Coopérative. — P. Morin, chez M. Dusseigneur, de Lyon.

MÉDAILLES DE BRONZE

Perbost ainé, de Sigalières (Ardèche). — Sicardi et fils, de Céva (Piémont). — Rocheblave, d'Alais (Gard). — Seux et Cie de Lyon. — Goldchmidt Sipman, de Nottingham. — Barthélemy, d'Oraison (Basses-

Alpes). — Blachier, de Sorgues (Vaucluse). — Bessy, de Granne (Drôme). — Vernède (Adrien), de Joyeuse (Ardèche). — Charles Noyer, de Dieu-le-Fit (Drôme). — Lega (Michel), de Drizighella (Italie. — Augusto del Lemos, de Lamégo (Portugal). — Stachini, de Sesi (Italie). — Veyranne, de Beaumont (Drôme). — Vincent Zatta, de Padoue. — Courtial et Giraud, de Valence (Drôme). — Simon et Schœllhammer, de Soultzmatt. — Auquier et Paillac, de Thizy (Rhône). — Grilliet, de Nantua (Ain). — Canoville, de Paris. — Durieux et L. Charbon, de Lyon. — Tastevin, de Lyon. — Main et fils, de Cerdon (Ain). — A. Crippa, de Milan (Italie). — A. der Alden, de Colmar (Alsace). — Chuvin, de Suze-la-Rousse (Drôme). — Changéa, de Lausastre. — Ferdinand Blancher, d'Alais (Gard). — Jules Rieux, de Valréas (Vaucluse).

MENTIONS HONORABLES

David, de Saint-Etienne. — Gascuel et Trouilhias, d'Alais. — Bayle, de Moulinon (Ardèche). — Carton, de Paris. — Debernardi, de Turin. — Schreiner, de Saint-Amarin (Alsace). — Pinto, de Porto (Portugal). — Guy-Raynaud, de Lavaur (Tarn). — L. Cousino, du Chili. — Jacinthe Peirera-Valverde-Miauda-Vasconcellos, de Porto (Portugal). — Ruschi, de Pise. — Patricio di Guarda, de Porto. — E. Père, d'Aubenas (Ardèche). — Moser, de Porto. — E. Desouches, de Gravelle-St-Maurice (Seine). — Planus, de St-Didier-au-Mont-d'Or. — Meyzonnier, d'Annonay. — Delarbre, de Ganges (Gard). — Brun et Guichard, de Romans (Drôme). — Taurigna, de Grenoble. — Christian Ledoux, de Paris. — D. Paysan, de Vinay (Isère). — Martin, de Nîmes. — Limet, de Cosne. — Moro Carlo, de Brescia (Italie). — Cardoso-Garcez-Maldonado Jose, de Santa Martha de Penaguia (Portugal).

SECTION II

Production de l'Etoffe

CLASSE 9e

Appareils et ustensiles pour la teinture de la soie.

CLASSE 10e

Appareils et procédés de dévidage, détrancanage, ourdissage, pliage, bobinage (canetage).

CLASSE 11e

Appareils, machines et ustensiles de tissage en fer, fonte, cuivre et bois pour métier à tisser, mécanique, ou à la main et à la barre, unis, façonnés ou armures, tels que : métiers bobins, circulaires, à la chaîne, pour bas, gants, et autres tissus de soie. Mécanique Jacquard, type ou perfectionnée. Lisage et repiquage de dessins de fabrique. Lisage au métier ou à la main, enlaçage de cartons, brocheur en fer, cuivre ou bois, brodeuse, battant, peignes à tisser, cerceaux, régulateur, compensateur, navette cuivre, bois ou cuirassée, conducteur, tuyaux, pointiselles, maillons, verroterie et autres objets d'outillage en général, à l'usage de la fabrication des tissus de soie.

CLASSE 12e

Appareils et procédés d'apprêt, moirage, cylindrage, rasage, polissage, gaufrage, découpage, pliage, baguettage et mesurage de tous genres à l'usage des étoffes de soie.

COMPOSITION DU JURY

Président.

BURDET . . . . LYON.

Secrétaire.

COINT-BAVAROT . . . . LYON.

Membres.

MARNAS . . . . LYON.

AUDIBERT . . . . LYON.

SOUTON . . . . LYON.

ANNEXE (TEINTURE)

Président.

LOIR.................... Lyon.

Secrétaire.

MARNAS................. Lyon.

Membres.

RENARD................. Lyon.
GILLET................. Lyon.

NOMS DES RÉCOMPENSÉS

HORS CONCOURS

Gantillon, de Lyon.

MÉDAILLES D'OR

Corron et Vignat, de Lyon. — Richard et Puthod, de Lyon. — Grobon, de Miribel. — Descat, à Flers, près Lille. — Sallier, de Lyon.

MÉDAILLES D'ARGENT

Rivoirop, de Lyon. — Th. Lions, de Lyon. — Orelle, de Lyon. — Tournier, de Lyon. — Triquet, de Lyon. — Vincenzi, de Roubaix. — Chanel, de Lyon. — Croizier Deronzière, de Lyon. — Larpin, de Lyon. — Garnier, de Lyon. — Veuve Thuillier et Bonnefont, de Lyon. — Soins père et fils, de Lille.

Rappel. — Martin, de Lyon.

MÉDAILLES DE BRONZE

Rendu, de Lyon. — Vieux, de Lyon. — Lachenal, de Lyon. — Ferlat, de Lyon. — Descombes, de Lyon. — Trœndlé et Cie, de Mulhouse. — Montfray, de Paris. — Dubois et Buenerd. — Desquiens, de Roubair.

MENTIONS HONORABLES

Berujon, de Lyon. — Martelet frères, de Lyon. — Em. Roussel, de Roubaix.

SECTION III

Produits de la Soie

CLASSE 13e

Etoffe unie noire et couleurs, taffetats, satin, sergé, pékin, armure à dispositions ou autres pour robes.

CLASSE 14e

Façonné grand et petit, articles pour robes, tous genres.

CLASSE 15e

Etoffe unie et façonnée pour gilets, cols-cravates, confection, lancé ou broché, ombrelle, parapluie, marceline, lustrine, florence foulards unis et façonnés, chinés, imprimés. Soierie pour chapellerie.

CLASSE 16e

Velours unis et façonnés pour robe et confection, velours et peluche à une ou deux pièces à la fois, velours frisés et épinglés.

CLASSE 17e

Etoffe pour meuble, brocard, lampas, damas, brocatelle, satins unis et façonnés. Articles, pour voiture. — Ornements d'église, drap d'or, d'argent et de soie. — Article d'Orient, lamés, frisés, filet, clinquant.

CLASSE 18e

Broderie, bonneterie, rubanerie, passementerie, galons, bourdaloux, franges, résilles, colifichets au métier, or, argent ou soie. — Dentelles, tulles, crêpes de soie (articles légers).

CLASSE 19e

Châles soie, unis, façonnés, armure grenadine, crêpe de Chine, unis, faconnés, châles imprimés, chinés, ondés à dispositions en tous genres. — Gaze droite, gaze tours anglais.

COMPOSITION DU JURY

Président.	
SEVEN	LYON.
Membres.	
BARDON	LYON.
BARBE	St-Etienne.
COTE	LYON.
EMERY	LYON.
COSTADAU	LYON.
BLANCARD	LYON.
FAURE	St-Etienne.
BUDILLON	LYON.
JAILLARD	LYON.
DABONEAU	LYON.
ARMAND	PARIS.
BOSSUAT	PARIS.
DELATTRE	ROUBAIX.

NOMS DES RÉCOMPENSÉS

DIPLOMES D'HONNEUR

Les petits-fils de J.-C. Bonnet et Cie, de Lyon. — Jaubert-Audras et Cie, de Lyon. — Brosset, Heckel et Cie, de Lyon. — J.-A. Henry, de Lyon. — Em. Hubert, de Sarreguemines. — A. Denis, de St-Etienne. — Dognin et Cie, de Lyon. — Aimé Baboin, de Lyon.

MÉDAILLES D'OR

Tapissier fils et Debry, de Lyon. — Pravaz, Bouffier et Cie, de Lyon. — Alexandre Giraud et Cie, de Lyon. — Poncet père et fils, de Lyon. — H. Adam et Cie, de Lyon. — Fourier, Cuvru et Tardif, de Paris. — Tassinari et Chatel, de Lyon. — Girerd frères, de Lyon. — Boyrivent frères, de Lyon. — Truchy-Vaugeois, de Paris. — Augier, de St-Etienne. — Fraisse Brossard fils jeune, de St-Etienne. — D. Sival Dillies et Requillard fils, de Roubaix.

MÉDAILLES D'ARGENT

Rosset, de Lyon. — Arnaud, de Lyon. — Girodon, de Lyon. — Flandrin, de Lyon. — Mauvernay, de Lyon. — Gouder et Livet, de Lyon. — Thévenet et Roux, de Lyon. — Cochaud de Boissieu, de Lyon. — Josserand et Févrot, de Lyon. — David Evams, de Londres. — Bossuat, de Paris. — Lachard et Besson, de Lyon. — Ogier et Cie, de Lyon. — Chambon, de Lyon. — Reyre, Louvier et Bélissent, de Lyon. — J.-M. Bidon, de Lyon. — Gelot et Vermorel, de Lyon. — Troubat et Cie, de Lyon. — Charbonnet fils et Roche Janez, de Lyon. — J.-B. Neyret, de St-Etienne. — Jules Gay, de Lyon. — Camille Brun, de St-Étienne. — Chapuis-Avril, de St-Étienne. — A. Sarda, de St-Etienne. — Armand Pitiot, de Lyon. — Robert Maxton, de St-Pierre-les-Calais. — Geay et Cie, de Lyon. — Larra, de Lyon.

MÉDAILLES DE BRONZE

Rendu et Moïse, de Lyon. — Bonnetain et Richarme, de Lyon. — Mantoux et Cie, de Lyon. — Borgnis et Cie, de Lyon. — Graisset et Cie, de Lyon. — Perret, de Lyon. — Mermet et Mouly, de Lyon. — Mayet et Theven.., de Lyon. — Bécaud aîné et Cie, de Lyon. — Fonteyn frères, de Lède (Belgique). — Dornon, de Lyon. — Mancardi, de Lyon. — Mazade, de Lyon. — Sisley et Colleuille, de Lyon. — Hermann et Gœpfer, de Thann (Alsace). — Levera frères, de Turin. — Veuve Bibikoff, de Sébastopol. — Sigaud et Gondard, de Lyon. — Bonnamour aîné, de Lyon. — Martinet, de Saint-Etienne. — Renaudier et fils, de Saint-Chamond. — Berne et fils, de Bourg-Argental. — Rochet, de Lyon. — Nicot, de Lyon. — Léon Spork, de Paris. — André Neveu, de Lyon. — Thévenin Vial, de Lyon. — Stocquart frères, de Gramont (Belgique). — Taufflin, de Coudry (Nord). — Micou et Demet, de Lyon. — Eugène Gabet, de Saint-Pierre-les-Calais. — William Aynès, de Saint-Pierre-les-Calais.

MENTIONS HONORABLES

Baillon Versavel, de Gand. — Dioney, de Lyon. — Pichon, de Lyon. — Carquillat, de Lyon. — Revellon, de Lyon. — Auquier Paillac, de Thizy. — Peyrache, de Saint-Didier-la-Seauve (Haute-Loire). — Besson, de St-Etienne. — A. Martin, de Lyon. — Grossat, de Lyon. — Vacher Thevenin, du Puy. — D. Bonhomme, du Puy. — Boucharlat, de Lyon. — Legros, de Lyon. — Cœvœt Dawson, de Saint-Pierre-les-Calais.

GROUPE II

Tissus (soie non comprise) Vêtements et autres objets portés par la personne

SECTION IV

CLASSE 20e

Fils et tissus de coton. — Coton brut, cotons préparés et filés. — Tissus de coton pur unis et façonnés — Tissus de coton mélangé. — Velours de coton. — Rubannerie de coton.

CLASSE 21e

Fils et tissus de lin et de chanvre. — Lin et chanvre tillés et non tillés. — Lin, chanvre. — et autres fibres végétales filées. — Toiles et coutils. — Batiste. — Tissus de fil avec mélange de coton ou de soie.

COMPOSITION DU JURY

Président.

DABONEAU........ Lyon.

Secrétaire.

P. LEBAS..........

Membres.

LASSONNERIE....... Fontaine-l'Évêque (Isère.)

HATZIG............... Lyon.

HEILMANN, juré adj.. Mulhouse.

ANNEXE (LINS ET CHANVRE)

Président.

DEBLOCK......... Lille.

Membres.

VIAL............. Voiron.

DEREN........... Armentières.

NOMS DES RÉCOMPENSÉS

Proposé pour la Légion d'honneur.

Eugène Roman, de la maison Gros, Roman et Marozeau

HORS CONCOURS

Gros, Roman, Marozeau et Cie, de Wesserling (Alsace).

DIPLOMES D'HONNEUR

J.-J. Rieter, de Winterthur (Suisse). — Th. Barrois frères, de Lille. — J.-P. Coats, de Paisley (Écosse). — Dolfus, Mieg et Cie, de Mulhouse. — Steinbach Kœchlin et Cie de Mulhouse. — Ch. Steiner, de Ribeauvillé (Alsace). — Bourcart fils et Cie, de Guebwiller. — Frères Kœchlin, de Mulhouse. — Henri Loyer, de Lille. — Industrie Linière de la ville d'Armentières. — Wallaert frères, de Lille. — Saint frères, de Paris. — Joubert, Bonnaire, d'Angers.

MÉDAILLE D'OR

Scrives frères, de Lille. — Herzog de Logelbach (Alsace). — Ogden d'Oldham (Angleterre). — Schlumberger fils et Cie, de Mulhouse. — Les fils de E. Lang, de Mulhouse. — Boyrivant et Bruyas, de Lyon. — Haefely et Cie, de Pfastad (Alsace). — Scheurer-Roth, de Thann. — Weiss-Friess, de Mulhouse. — Victor Pouchain, Armentières. — Dassonville et Phalempin, d'Allum (Nord). — Lafond André et Gourdonnier, de Fontaine-sur-Saône.

MÉDAILLES D'ARGENT

Nathan Appleton (Amérique). — Dupont, de Nîmes. — Crépy, de Lille. — Sement et fils, de Bernay (Eure). — Strassenvicz, de Guebvillers. — Rogez, de Lille. — Pernolet, de Paris. — Clark, de Paisley. (Écosse). — Ertlé, de Mulhouse. — Bian, de Seintheim

(Alsace). — Rieter-Ziégler, de Winthérthur (Suisse). — Zeller frères, d'Oberbruch (Alsace). — Halbout, de Flers (Orne). — Poizat et Coquard, de Thizy (Rhône). — Delamarre Bouteville, de Rouen. — Pochon, de Valence. — Chabert et Bosc, de Marseille. — La fabriquede toiles de la ville de Voiron. — Charasse, de Lyon. — Rogey et Cie, de Lille.

MÉDAILLES DE BRONZE

Chabert et Bosq, de Marseille. — Hortsmann et Cie, de Haguenau (Alsace). — Cartier Bresson, de Paris. — Lacroix Berger, de Tarare. — Vaussay, de Monancourt (Eure). — F. Ozier, de Lyon. — Frères Meyer, de Mulhouse. — Muller et Hoesly, de Winterthur (Suisse). — Bétremieux frères, de Lannoy (Nord). — Mettler et fils, de Saint-Gall (Suisse). — Boissard et fils, d'Evreux. — Dechavanne-Dapéray et Guéry, de Roanne. — Bonnassieu, de Panissières. — Charlet, Marix et Moreau, de Lille. — Mas, Faucheur et J. Mas, de Lille. — Chipart fils, de Quennelle, d'Armentières. — Desmet et Cie, de Hallum. — Desplanques-Jeanson, d'Armentières. — Garnier, Thiébaud, de Gérardmer (Vosges). — J. Wallard et Cie, de Lille. — Tournaut, de Paris.

Coopérative. — Hippolyte Wable, contremaître chez M. Mathieu-Delangre, d'Armentières. — Florimond Marle, contremaître de la maison H. Deren, d'Armentières.

MENTIONS HONORABLES

Vandenynckée et Bauduin, de Wervick (Sud). — Flipo, de Tourcoing. — Honoré L. et Cie, de Tourcoing. — Declerq Clément, Isseghem (Belgique). — Lallemand, de Senones (Vosges). — Aymard, de Marseille. — Coste et Lhôpital, de Lyon. — Pavy Pretto, de Lyon. — Zehr, de Tarare. — Cedraschi Funk Schindhler, de Gonau (Suisse). — Goydadin, de Montmorot (Jura). — Froget-Paris et Panissière.

SECTION V

CLASSE 22e

Fils et tissus de laine peignée. — Laines brutes lavées ou non lavées. — Laine peignée. — Fils de laine peignée. — Mousseline-Cachemire d'Ecosse. — Mérinos serge. — Rubans. — Rubans et galons de laine, mélangés de coton ou de fil, de soie, ou de bourre de soie. — Tissus de poils purs ou mélangés.

CLASSE 23e

Fils et tissus de laine cardée. — Laine cardée. — Fils de laine cardée. — Draps et autres tissus foulés de laine cardée, couvertures, feutres de laine ou poils, pour tapis, chapeaux, chaussons. — Tissus de laine cardée, non foulée ou légèrement foulé, flanelles, tartans, molletons, velours de laine.

CLASSE 24e

Matières et tissus divers équivalents des précédents.

COMPOSITION DU JURY

Président.

BARBEY................. Lyon.

Secrétaire.

CHEVALLIER............ Lyon.

Membres.

GARON......... Vienne (Isère).
VAYSON........ Abbeville.
DIVIAT.........

NOMS DES RÉCOMPENSÉS

DIPLOMES D'HONNEUR

Laurent, Demar, d'Elbœuf. — La ville de Brüm d'Autriche. — Louis, Cordonnier, de Roubaix. — Descat frères. — Kocchlin, Schwartz, de Mulhouse. — Mazure, de Roubaix.

MÉDAILLES D'OR

La ville de Mazamet. — Bouvier frères, de Vienne (Isère). — Prouvost Amédé et Cie. — Leclerc Dupire, de Roubaix. — Roussel (François), de Roubaix. — Catteau (Adolphe), de Roubaix. — Roussel,

Scrépel, de Roubaix. — Vulfran Mollet, d'Amiens.

Rappel. — Exposition collective de Sainte-Marie-aux-Mines. — Vulfran et Mollet, d'Amiens.

MÉDAILLE D'ARGENT

Andresset et fils de Louviers. — Jacob Pœlaert, de Bruxelles. — Blin et Block, d'Elbœuf. — Dannet et Odio, de Louviers. — Harinckouche. — Dillies frères. — Dufour Mantel. — Georges Holms Hayel. — Gamot Delahaye.

Rappel. — Piquée frères, d'Amiens.

MÉDAILLE DE BRONZE

Mistral, frères de St-Rémy. — Ponche, d'Amiens. — Brocard, de Vienne. — Gilbert-Perrault, d'Orléans. — Chiffray, de Maronne. — Philippe, d'Elbeuf. — Ollier père et fils, de Marvejols. — Dumortier-Guignet. — Grillet aîné fils. — H. Capron et Cie. — Valentin frères. — Poizart-Coquart. — Neave et Sons.

MENTIONS HONORABLES

Veuve Acary, de Lyon. — Montray, de Paris. — Maitre, de Fures. — Ivrier, de Saint-Quentin. — Tronche, d'Arles. — J. Burle, de Vienne. — Trumeau, de Vienne. — Bertre aîné et fils, de Lisieux. — Schuermans, de Tirlement (Belgique).

SECTION VI

CLASSE 25e

Châles. — de laine purs ou mélangés, châles de cachemire.

CLASSE 26e

Dentelles. — Tulles. — Broderies et passementeries (non de soie). — Dentelles de fil ou de coton faites au fuseau, à l'aiguille ou à la mécanique. — Dentelles de laine ou de poils de chèvre. — Tulles de coton unis ou brochés. — Broderies au plumetis, au crochet. — Broderie, tapisserie ou autres ouvrages à la main. — Passementerie de laine, poils de chèvre, lin, fil et coton. — Lacets.

COMPOSITION DU JURY

Président.

BOSSUAT .... PARIS.

Secrétaire.

DELATTRE........... ROUBAIX.

Membres.

DABONEAU .... LYON.
ARMAND .... PARIS.

NOMS DES RÉCOMPENSÉS

DIPLOME D'HONNEUR

E. Bossuat, de Paris.

MÉDAILLES D'OR

Pin et Clugnet, de Lyon. — Boutard et Lassale, de Paris. — Chanel, de Lyon.

MÉDAILLES D'ARGENT

Rivoiron, de Lyon. — Ducros Robert, de Nimes. — Callange et Mahaut, de Paris. — Tresca-Thorel et Ratieuville, de Paris. Hippolyte et Henri Lair, de Paris. — *Rappels.* — Verdière, de Paris. — Rey Missire, de Paris.

MÉDAILLES DE BRONZE

Hennequin, de Paris. — Code Valentin, de Nimes. — Seinais et Merlier, de Saint-Nicolas (Belgique). — Dessagne, de Paris. — Magnan et Rullat, de Lyon.

SECTION VII

CLASSE 27e

Articles de bonneterie et de lingerie. — Objets accessoires et vêtements. — Bonneterie de coton, fil, laine, cachemire. — Lingerie confectionnée pour hommes, pour femmes et pour enfants. — Layettes. — Confection de flanelles et autres tissus de laine. — Corsets, cravates, gants, guêtres.

COMPOSITION DU JURY

Président.

RICHARD-VASSEL (Chal.-s-Saône).

Secrétaire.

HAYEM (Julien)... PARIS.

Membres.

LAFAY.......... LYON.
DUVELLEROY.... PARIS.
TREFOUSSE...... CHAUMONT.

NOMS DES RÉCOMPENSÉS

HORS CONCOURS

Xavier Jouvin et Cie, de Grenoble et Paris.

DIPLOME D'HONNEUR

Bapterosses, de Briare (Loiret).

MÉDAILLES D'ARGENT

C. Foret, de Lyon. — A. Jay, de Lyon. — Mittler, de Paris. — Raux, de Paris. — Martin, de Paris.

Rappels. — Girar-Thibaud, de Paris. — Germain fils, de Nîmes.

MÉDAILLES DE BRONZE

Henry Chomat, de Lyon. — Chavat, de Lyon. — Desvignes et Cie, de Lyon. — Fiart-Mettey, de Lyon. — Augier, de Lyon. — Caret frères, de Troyes. — Tholozan et Cie, de Nîmes. — Constant-Maréchaux et Cie, de Paris. — Roger et Favre.

MENTIONS HONORABLES

Troncy-Chassignol, de Lyon. — Charpas, de Lyon. — Cyprien Julien, de Grenoble. — Brunier Maréchal, de Lyon. — Sylvestre et Delevaux, de Lyon. — Tourette et Cie, de Paris. — Brun et Cie de Lyon. — Feldtrappe et Tharel, de Paris. — Dessagne, de Paris. — Falconnier et Savoie, de Lyon. — Pornon, de Lyon. — Muller fils, de Lyon. — Mme Chol, de Lyon. — Donneau Chassignol, de Lyon.

SECTION VIII

CLASSE 28e

Habillements des deux sexes. — Habits d'homme, de femme, coiffures d'homme, coiffures de femme, perruques et ouvrages en cheveux. — Fleurs artificielles. — Chaussures. — Confections pour enfants. — Parapluies, ombrelles, cannes, objets de voyage et de campement, malles, valises, sacoches, nécessaires ou trousses de voyages. — Objets divers et matériel, spécialement destinés aux voyages.

CLASSE 30e

Pelleteries et fourrures vraies ou fausses. Travaux du naturaliste.

COMPOSITION DU JURY

Président.

DUVELLEROY....... PARIS.

Vice-Président.

PINET............... PARIS.

Secrétaire.

CHARLES (Vincent)... PARIS.

Membres.

MATHIEU............ PARIS.
TREFOUSSE......... CHAUMONT.
PELLETIER......... LYON.
LAURENT........... LYON.
BARRET............ LYON.
GAUTHIER.......... LYON.
FENETRIER (Oncle).. LYON.
COMBALOT. } adjoints. LYON.
LAPROSTE. }
PERRET... }
GEORGET.. }

NOMS DES RÉCOMPENSÉS

DIPLOMES D'HONNEUR

Bessand et Cie, MM. de la Belle Jardinière. — Jeandon et Ferry, de Paris.

MÉDAILLES D'OR

Simon et Cie, de Paris. — Exposition collective des Fabricants de chapellerie, de Lyon. — De l'Hôpital, de Lyon. — Treyvoux et Mouth, de Lyon.

MÉDAILLES D'ARGENT

Cavy fils, de Moulins. — Brun et Cie, de Lyon. — A. Gogly, de Paris. — Mlle Pitrat, de Paris. — Greffe, de Lyon. — Dabonneau, de Lyon. — Hugot et Lafaye, de Lille. — E. Marrast, de Paris. — Moreteau, de Lyon. — Troin, de Paris. — Caillat, de Lyon. — Lhose, de Paris. — Delattre, de Paris. — Degiry, de Lyon. — Moulièra, de Lyon. — Fournier fils, de Paris. — Guillaume et Lesage, de Paris. — Baca, de Lyon. — Robert, de Lyon. — Moncharmont de Lyon. — Bussy, de Dôle. — Étanchaud, de Paris. — Cot y Tressera, de Barcelonne. — Guérin, de Lyon. — Gontard, de Lyon. — Laplace, de Lyon. — Othon, de St-Étienne. — Casburn, de Lyon. — Clovis et Henri Ballu, à la Ferté-Macé. — Moreteau et Sylvestre, de Lyon. — Pasçal, de St-Chamond.

MÉDAILLES DE BRONZE

Henry et Waillat, de Lyon. — Raphanel, Metrat, de Lyon. — Société d'assistance fraternelle des ouvriers fleuristes de Paris. — Selle, Moncaut et Bayard, de Lyon. — Bonnaz, de Lyon. — Rochon, de Lyon. — Abadie-Peuvret, de Paris. — Blum-Javal, de Berne. — Guérard, de Lyon. — Marserolle et Rey, de Lyon. — Mazière, de Lyon. — Quillon, fils de Lyon. — Siebenpfeifer, de Lyon. — Mermet, de Champagnole (Jura). — Chapellerie collective d'Alby. — Félix Girard, d'Alger. — The Lancashire, de Denton (Angleterre). — Kuffer, de Berne. — Righnie frères, de Turin. — Branciard et Cie, de Lyon. — L. Drevet et Cie, de Lyon. — G. Feragini, de Paris. — Righini frères, de Turin. — Calmard, de Lyon. — Boiron, de Lyon. — Mathon, de Lyon. — Massia, de Lyon. — Pitiot et Bugey, de Lyon. — Henri Béal, de Lyon. — Girault, de Lyon. — Dufour, de Lyon. — Lambrekts, de Lyon. — Sierociuski, d'Autriche. — Savaton, d'Angers. — Mesnin et Clavière, du Mans. — Lambert et Millet, de Tours. — Dupont et Razon fils. — Léon Navez, de Paris. — Gaillard, de Lons-le-Saunier. — Pierre Lacroix, de Paris. — Énodeaux, de Paris. — Guinard frères, de Saint-Étienne. — Mac-Nish, maison A. Cassague et Cie, de Paris. — Rassat, de Lyon. — Henri-Jean Sauvineau, de Tours.

MENTIONS HONORABLES

Strauss, de Lyon. — Veuillet, de Lyon. — Costanier fils, de Marseille. — Chane frères, de Lyon. — Mlle Ferrero, de Lyon. — Dup[illegible] Jachat, de Lyon. — Girard et fils, de Lyon. — James, de Lyon. — Rivière et Cie, de Lyon. — Escoffier, de Lyon. — Meunier, de Rive-de-Gier. — Bertholon Schuster, de Lyon. — Carcassonne, de l'Isle. — Guichard, de Paris. — Servonnat, de Lyon. — Sadon, de Roubaix. — Guy-Mesy, de Grigny (Rhône). — Donnat-Terri et Noel, de Vienne. — Galibert fils, de Nîmes. — Stoop, d'Anvers (Belgique). — Valet, de Lyon. — J.-E. Bourguet fils, à Avry-devant-Pons près Bâle (Suisse). — Cuony fils, de Lauzanne (Suisse). — Lemain, de Paris. — J. Crét, de Lyon. — Roux, de Bordeaux. — Vernet M., de Grillon (Ardèche). — Durand, de Paris. — Chapellier, de Nîmes. — Meillard L., de Lyon. — Pre, de Paris. — Vibert, de Lyon. — Berne père et fils, de Paris. — Grossat A., de Lyon. — Peyrache frères et Briat, de Saint-Didier-la-Sauve (Haute-Loire). — A. Gailly, de Rernans (Drôme). — Perriolat, de Saint-Marcelin (Isère). — Sensfelder, de Paris. — Haas-Bohner, de Barr (Alsace). — Fabre et Cie, de Lyon. — Hess, de Lyon. — Malle, de Grenoble.

SECTION IX

CLASSE 29e

Parfumerie.

COMPOSITION DU JURY

Président.		*Membres,*	
CROLAS	LYON.	MARTINET	LYON.
		MICHAUD	LYON.

NOMS DES RÉCOMPENSÉS

HORS CONCOURS

Violet (Godefroy), de Paris.

MÉDAILLES D'OR

Veuve des Cressonnières et fils, de Bruxelles. — Lavandier, de Paris.

MÉDAILLES D'ARGENT

Demarson-Chetellat, de Paris. — Deletrez, de Paris. — F. Billon et Cie, de Lyon. — Cauquoin, de Marseille. — Chouet, de Paris.

MÉDAILLES DE BRONZE

Chaussou, de Lyon. — Cramer-Gastier, de Paris. — Filliat, de Lyon. — Gallin-Martel de Lyon. — Garby-Raibaud-Pelletier, de Paris. — Milliot Félix, de Paris. — Ronchaud, de Marseille. — Simon, de Paris.

MENTIONS HONORABLES

Astier, de Lyon. — Mme Gallin, de Lyon. — Pollingue, de Chambéry. — Louvet, de Paris. — Sarah-Félix, de Paris. — Rowland et Sons, de Londres.

GROUPE III

Ameublement et Décoration, objets destinés à l'habitation

SECTION X

CLASSE 31e

Meubles et ouvrages de tapissier et de décorateur en tous genres. — Tapis, tapisserie et autres objets d'ameublement, tissus d'ameublement en tous genres, sauf la soie. — Tapis végétaux. — Molesquine. — Cuirs de tenture et d'ameublement, toile cirée. — Toiles métalliques.

CLASSE 32e

Papiers peints. — Papiers imprimés à la planche, au rouleau, à la machine, veloutés, marbrés, veinés, à sujets artistiques. — Stores peints ou imprimés.

COMPOSITION DU JURY

Président.		*Membres.*	
J. TASSON fils	BRUXELLES.	LEMOINE	PARIS.
Secrétaire.		HIRSCH	LYON.
VAYSON	ABBEVILLE (Somme).	COUTURIER	PARIS.

NOMS DES RÉCOMPENSÉS

DIPLOME D'HONNEUR

J. Zuber et Cie, de Rixheim (Alsace).

MÉDAILLES D'OR

Rappels de médailles d'or. — Van Oye Van Duerne, de Bruxelles. — Sicard, de Lyon. — Flachat et Cochet, de Lyon. — Follot, de Paris. — Guiraud, de Lyon.

MÉDAILLES D'ARGENT

André Lafond et Gourdonnier, de Fontaines-sur-Saône. — Dufin Hilaire, de Lyon. — Clauset, de Lyon. — Harry D. W., de Londres. — Hébert, de Paris. — Soave, de Turin. — Bonioli, de Lyon. — Fernand Laugier, de Lyon. — Livet, de Lyon. — Pelletier, de Lyon. — Panisset, de Lyon. — Graillet, de Lyon. — Taplaing, (Londres).

Rappels. — Sieuviac, d'Agen. — Clovis et Henry Rallu, de la Ferté-Macé. — Laterière, de Paris. — Vauloo, de Paris. — Dupont, de Paris. — Fressen, chez M. Lemoine, de Paris.

MÉDAILLES DE BRONZE

Bonhomme, de Lyon. — Germain et Cie, de Lyon. — Cessot, de Paris. — Lambert, de Grenoble. — Testanier, de Lyon. — Bulens, de Bruxelles. — Cheri Andreucetti, de Lyon. — Courjou, de Lyon. — Dieudonné Doreulot, de Paris. — Ferrand, de Lyon. — Laurent, de Lyon. — Pinuella-Bruciano, de Saint-Étienne. — Beuve, de Paris. — Troublé, de Paris. — Ollier, de Lyon. — Arnoult, de Lyon. — Auguste Bouvier, de Lyon. — Menu et Hœfer, de Lyon. — Baron, de Lyon. — Robin, de Lyon. — Ringuet, de Lyon.

Coopératives. — Regard, chez M. Flachat, de Lyon. — Jules Hargez, contremaître chez M. Dupont, de Beauvais. — Isidore Michel, dessinateur chez J. Vayson. — Dupont, chez M. Follot, de Paris.

MENTIONS HONORABLES

Hyacinthe, de Lyon. — Favelle P., de Lyon. — Baumstarck, de Milan. — Bouquin, de Lyon. — Encremaz, d'Annecy. — Faucon, de Chartres. — Genthron, de Lyon. — Coulon, de Lyon. — Gros de St-Martial, de Ververale (Dordogne). — Parodon, de Nîmes. — Pavy, de Lyon. — Raymond, de Lyon. — Catalano, de Palerme. — Perot, de Levallois-Perret. — Delhom, de Marseille. — Schneider, de Colmar. — Patritti, de Paris. — Mathilde Lemaître, de Colmar. — Bourgeois, de Paris. — Morin, de Lyon. — Tivolle et Daubas, de Lyon.

Coopérative. — Sicaud, chez M. Panisset de Lyon. — Canut Saint-Lange, de Gisors (Eure). — Jacquet, chez M. Sicard, de Lyon. — Genin, chez Panisset, de Lyon.

SECTION XI

CLASSE 33[e]

Porcelaines. Faïences et autres poteries. — Cristaux. — Porcelaines en tous genres, dures et tendres, biscuits. — Faïences en tous genres, biscuits de faïence, terres cuites. — Laves émaillées grès et cérame. — Cristaux en tous genres, taillés, doublés, montés. — Gobeleterie de cristal et de verre, verres à vitres et glaces, verres d'ornements et façonnés. — Vitraux peints.

COMPOSITION DU JURY

Président.

SALVETAT .... PARIS.

Membres.

DESJARDINS......... LYON.
DE LAVAL.......... PARIS.
L'ABBÉ PRON........ PONT-D'AIN.
MARTIN D'AUSSIGNY.. LYON.

SECTION IX

CLASSE 29e

Parfumerie.

COMPOSITION DU JURY

Président.

CROLAS .... Lyon.

Membres.

MARTINET .... Lyon.
MICHAUD................ Lyon.

NOMS DES RÉCOMPENSÉS

HORS CONCOURS

Violet (Godefroy), de Paris.

MÉDAILLES D'OR

Veuve des Cressonnières et fils, de Bruxelles. — Lavandier, de Paris.

MÉDAILLES D'ARGENT

Demarson-Chetellat, de Paris. — Deletrez, de Paris. — F. Billon et Cie, de Lyon. — Canquoin, de Marseille. — Chouet, de Paris.

MÉDAILLES DE BRONZE

Chausson, de Lyon. — Cramer-Gastier, de Paris. — Filliat, de Lyon. — Gallin-Martel de Lyon.—Gerby-Raibaud-Pelletier, de Paris. — Milliot Félix, de Paris. — Ronchaud, de Marseille. — Simon, de Paris.

MENTIONS HONORABLES

Astier, de Lyon. — Mme Gallin, de Lyon. — Pollingue, de Chambéry. — Louvet, de Paris. — Sarah-Félix, de Paris. — Rowland et Sons, de Londres.

GROUPE III

Ameublement et Décoration, objets destinés à l'habitation

SECTION X

CLASSE 31e

Meubles et ouvrages de tapissier et de décorateur en tous genres. — Tapis, tapisserie et autres objets d'ameublement, tissus d'ameublement en tous genres, sauf la soie.— Tapis végétaux. — Molesquine. — Cuirs de tenture et d'ameublement, toile cirée. — Toiles métalliques.

CLASSE 32e

Papiers peints. — Papiers imprimés à la planche, au rouleau, à la machine, veloutés, marbrés, veinés, à sujets artistiques. — Stores peints ou imprimés.

COMPOSITION DU JURY

Président.

J. TASSON fils........ Bruxelles.

Secrétaire.

VAYSON.... Abbeville (Somme).

Membres.

LEMOINE .... Paris.
HIRSCH................. Lyon.
COUTURIER .... Paris.

NOMS DES RÉCOMPENSÉS

DIPLOME D'HONNEUR

J. Zuber et Cie, de Rixheim (Alsace).

MÉDAILLES D'OR

Rappels de médailles d'or. — Van Oye Van Duerne, de Bruxelles. — Sicard, de Lyon. — Flachat et Cochet, de Lyon. — Follot, de Paris. — Guiraud, de Lyon.

MÉDAILLES D'ARGENT

André Lafond et Gourdonnier, de Fontaines-sur-Saône. — Dufin Hilaire, de Lyon. — Clauset, de Lyon. — Harry D. W., de Londres. — Hébert, de Paris. — Soave, de Turin. — Bonioli, de Lyon. — Fernand Laugier, de Lyon. — Livet, de Lyon. — Pelletier, de Lyon. — Panisset, de Lyon. — Graillet, de Lyon. — Taplaing, (Londres).

Rappels. — Sieuviac, d'Agen. — Clovis et Henry Rallu, de la Ferté-Macé. — Laterière, de Paris. — Vanloo, de Paris. — Dupont, de Paris. — Fressen, chez M. Lemoine, de Paris.

MÉDAILLES DE BRONZE

Bonhomme, de Lyon. — Germain et Cie, de Lyon. — Cessot, de Paris. — Lambert, de Grenoble. — Testanier, de Lyon. — Bulens, de Bruxelles. — Cheri Andreucetti, de Lyon. — Courjou, de Lyon. — Dieudonné Doreulot, de Paris. — Ferraud, de Lyon. — Laurent, de Lyon. — Pianella-Bruciano, de Saint-Étienne. — Beuve, de Paris. — Troublé, de Paris. — Ollier, de Lyon. — Arnoult, de Lyon. — Auguste Bouvier, de Lyon. — Menu et Hœfer, de Lyon. — Baron, de Lyon. — Robin, de Lyon. — Ringuet, de Lyon.

Coopératives. — Regard, chez M. Flachat, de Lyon. — Jules Hargez, contremaître chez M. Dupont, de Beauvais. — Isidore Michel, dessinateur chez J. Vayson. — Dupont, chez M. Follot, de Paris.

MENTIONS HONORABLES

Hyacinthe, de Lyon. — Favelle P., de Lyon. — Baumstarck, de Milan. — Bonquin, de Lyon. — Encremaz, d'Annecy. — Faucon, de Chartres. — Genthron, de Lyon. — Coulon, de Lyon. — Gros de St-Martial, de Ververnle (Dordogne). — Parodon, de Nîmes. — Pavy, de Lyon. — Raymond, de Lyon. — Catalano, de Palerme. — Perot, de Levallois-Perret. — Delhom, de Marseille. — Schneider, de Colmar. — Patritti, de Paris. — Mathilde Lemaitre, de Colmar. — Bourgeois, de Paris. — Morin, de Lyon. — Tivolle et Daubas, de Lyon.

Coopérative. — Sicaud, chez M. Panisset de Lyon. — Canut Saint-Lange, de Gisors (Eure). — Jacquet, chez M. Sicard, de Lyon. — Genin, chez Panisset, de Lyon.

SECTION XI

CLASSE 33e

Porcelaines. Faïences et autres poteries. — Cristaux. — Porcelaines en tous genres, dures et tendres, biscuits. — Faïences en tous genres, biscuits de faïence, terres cuites. — Laves émaillées grès et cérame. — Cristaux en tous genres, taillés, doublés, montés. — Gobeleterie de cristal et de verre, verres à vitres et glaces, verres d'ornements et façonnés. — Vitraux peints.

COMPOSITION DU JURY

Président.

SALVETAT .... PARIS.

Membres.

DESJARDINS......... LYON.

DE LAVAL.......... PARIS.

L'ABBÉ PRON........ PONT-D'AIN.

MARTIN D'AUSSIGNY.. LYON.

NOMS DES RÉCOMPENSÉS

DIPLOMES D'HONNEUR

Utzschneider, de Sarreguemine. — Minton et Cie, de Stoke on Trente (Angleterre). — Société des Usines de St-Gobain, Cirey et Chauny.

MÉDAILLES D'OR

Boulanger, de Choisy-le-Roy. — Geoffroy et Cie, de Gien. — La fabrique de Saint-Clément (Meurthe). — Gallé et Reinemer, de Nancy.

MÉDAILLES D'ARGENT

Aubry, de Toul (Meurthe). — Barbizet, de Paris. — Brown, de Stafforshire (Angleterre). — Boulanger, d'Auxeuil (Oise). — Bouvard et Audibert, de Lyon. — Demartial et Tallendier, de Limoges (Haute-Vienne). — Oury, de Paris. — Irvoy, de Grenoble. — Sergent, de Paris. — Wood-Kook, de Paris. — Gousset, de Lyon. — Pétrus Cretin et Cie, de Chagny. — Mauvernay, de St-Galmier (Loire). — Hugedé, de Paris. — Petit Gérard, de Strasbourg. — Lorin, de Chartres. — Miciol et Bégul, de Lyon.

MÉDAILLES DE BRONZE

Garnier, de Lyon. — Coisy, de Limoges. — Soupereau et Fournier, de Paris. — Guenevet, de Vierzon. — Fuga et Angélo, de Murano. — Valin, de Givord (Loire). — Tétrelle, de Beauvais. — Pagnon et Deschenette, de Lyon.

MENTIONS HONORABLES

Besnard, de Châlon-sur-Saône. — Gaillard, de Lyon. — Gaidan, de Marseille. — Caille, de Paris-les-Ternes. — Lêtu et Mauger, de Paris. — Vermare, de Lyon. — Fichet et Marlie, de Lyon.

SECTION XII

CLASSE 34e

Orfévrerie, coutellerie, joaillerie, bijouterie. — Orfévrerie religieuse. — Couteaux, canifs, ciseaux, rasoirs. — Produits divers de la coutellerie. — Bijoux en métaux précieux, or, platine, argent, aluminium, etc. — Bijoux en doublé et en faux, en jais, corail, nacre, acier, etc. — Diamants, pierres fines, perles et imitation. — Eventails et écrins.

CLASSE 35e

Bronzes d'art, fontes d'art diverses, et objets d'art en métaux repoussés.

CLASSE 36e

Horlogerie.

COMPOSITION DU JURY

Président.

SERVANT............... PARIS.

Secrétaire.

BALANCHÉ (HENRY)..... LYON.

Membres.

MARTIN D'AUSSIGNY...... LYON.
DESCLERCS............. PARIS.
BONNET................ LYON.
BAILLY-WEIBEL .... LYON.

NOMS DES RÉCOMPENSÉS

HORS CONCOURS

Detouche, de Paris.

DIPLOMES D'HONNEUR

Christofle et Cie, de Paris. — Société des Hauts-Fourneaux et Fonderies du Val d'Osne. — Durenne et Cie, de Paris.

MÉDAILLES D'OR

Marlie, de Lyon. — Lépine frères, de Lyon. — Ecole nationale de Cluses (Savoie).

MÉDAILLES D'ARGENT

A. Fornet, de Bourg. — Perrollet, de Lyon. — Marmuse, de Paris. — Guérin-Brécheux, de Paris. — Prêtre, de Rosureux (Doubs). — Fumey père et fils, de Foncine-le-Haut. — Odobez cadet, de Morez (Jura). — E. Hirsch, de Paris. — Boyer fils, de

Paris. — Ranvier et Cie, de Paris. — Druelles, d'Orléans.

MÉDAILLES DE BRONZE

B. Madinier, de Marseille. — Audy, de Paris. — Rousseau, de Paris. — Guyot-Migneau, de Paris. — Touchard, de Paris. — Moulinasse, de Paris. — Domange-Rollin, de Paris. — Villard et Tournier, de Lyon. — Partridjé et Cie, de Birmingham. — Eugène Gérard, de Paris. — Bernoux, de Paris. — Amblet et Poncet, de Genève. — Pinaire, de Besançon. — Mildé, de Paris. — Brossier, de Lyon. — Chatelain-Lacour, de Genève. — Veyret, de Lyon. — Avril, de Trois-Fontaine (Meurthe). — Constantin, de Sarrebourg. — Klein, de Genève. — Cwalosinski, de Bruxelles. — Cuenin, de Montondon (Doubs). — Guilmet, de Paris. — Daucet-Lambert, de Cluses (Haute-Savoie). — Capra, de Paris.

MENTIONS HONORABLES

Businger, de Paris. — Mougin et Prévost, de Lyon. — Chazette, de Lyon. — Burdel, de Lyon. — Bouasse, de Paris. — Girardet, directeur de l'usine à gaz, de Tarare (Rhône). — Bardet-David, de Thiers (Puy-de-Dôme). — Ferret, de Lyon. — Faure, du bas du Sachet, près Cortaillot, canton de Neufchatel (Suisse). — Boulnois, de Paris. — Besson-Mériguet, d'Annecy.

SECTION XIII

CLASSE 37^e^

Appareils de chauffage et d'éclairage. — Foyers, cheminées, poêles, calorifères et objets accessoires, fourneaux. Appareils de chauffage au gaz, à l'eau chaude et à l'air chaud, de ventilation, dessiccation. — Etuves. — Lampes d'émailleurs. — Chalumeaux. — Forges portatives. — Eclairages divers par les huiles, animale, végétale et minérale. — Allumettes et produits pour l'allumage des feux. — Eclairage par l'électricité, le magnésium, etc.

COMPOSITION DU JURY

Président.

DEHAYNIN fils........... PARIS.

Secrétaire.

ALESMONIÈRES......... LYON.

Membres.

CHAMBON LACROISADE.. PARIS.
BOUTIER................ PARIS.
DE LAVAL.............. PARIS.

NOMS DES RÉCOMPENSÉS

MÉDAILLES D'OR

Delrieux-Bergonhoux, de Lyon. — Bodon fils, de Paris. — Godin-Lemaire, de Guise (Aisne).

MÉDAILLES D'ARGENT

Bruel fils, de Lyon. — Boucher et Cie, de Fumay (Ardennes). — Fougera, de Lyon. — L. Duport, de Lyon. — T. Coignet, de Lyon. — Eletti, de Lyon. — Girardin, de Paris. — Faure, de Grenoble. — Vassivière, de Lyon. — J. Caussemille, de Marseille.

Rappels. — Shoult Gurnay, de Paris. — Gervais, de Paris. — Mouquet, de Lille. — Joly, de Paris. — Mathian, de Lyon. — Pied-Bellan, de Paris, Gervais, de Paris.

Coopératives. — J. Arto, maison Boutier, de Paris.

MÉDAILLES DE BRONZE

Stocker, de Lyon. — Vénost et Cie, de Paris. — Cordier et fils, de Sens. — Lerast, de Besançon. — Veuve Scheidecker-Humbert, de Mulhouse. — Broussas, de Lyon. — Muller et Cie, d'Ivry. — Chenu-Lamotte, d'Auxonne. — Arban, de Paris. — Verguin et fils, de Lyon. — Chêne et fils, de Paris. — Bruel, de Lyon. — Rochon, de Lyon.

MENTIONS HONORABLES

Carret, de Chambéry. — Cucherat, de Lyon. — Ricot-Satret, de Varigney. — Baren Coutard, de Paris. — Partridge et Cie, de Birmingham. — L'abbé Ménétrier, de Sauvigney. — Liandier-Magne, de Lyon. — J. Chaliès, de Lyon. — Minot. — Parouty, de Marseille. — Griffith et Browet, de Birmingham.

SECTION XVI

CLASSE 40e

Machines, outils. — Tours et Machines à alêser et à raboter. — Machines à mortaiser à percer, à découper, à tarauder, à fileter, à river, outils divers d'ateliers, de constructions mécaniques, outils, machines et appareils servant à presser, à broyer, à malaxer, à scier, à polir. — Machines, instruments et procédés usités dans divers travaux. — Machines servant à la fabrication de boutons, de plumes, épingles, enveloppes de lettres, à empaqueter, à confectionner les brosses, les cadres, les capsules, les objets d'horlogerie, de marqueterie, de vannerie, de bimbloterie, à boucher les bouteilles, etc., etc.

COMPOSITION DU JURY

Président.

LÉON .... Paris.

Membres.

MOREAU .... Lyon.
SEGUIN..... .... Lyon.
BARBIER (Francisque).. Lyon.
HUG................. Oullins.

NOMS DES RÉCOMPENSÉS

DIPLOMES D'HONNEUR

Bouhey, de Paris. — J. Ducommun et Cie, de Mulhouse.

MÉDAILLES D'OR

Varal Elvel-Midleton, de Paris.—Gérard, de Paris. — Comte de Susini, de Paris. — Durand, de Paris. — Deny, de Paris.

MÉDAILLES D'ARGENT

Poulot Denis, de Paris. — Guillet-Perreaux, d'Auxerre. — Sage, de Lyon. — Duvergier, de Lyon. — Genez-Besson-Bernard, de Lotz (Doubs). — Prat, de Paris.

MÉDAILLES DE BRONZE

Dugoujon, de Paris. — Boland, de Lyon. — Bouchod, à Void (Meuse). — Tiersot et Ziegher, à Paris. — Jouffret, à Villars-les-Dombes. — Martinier, à Lyon. — Prat, à Grenoble. — Touffin, à Paris. — Vavin, à Paris. — Claude Frangin, à Lyon. — Milhau fils, Trévoux (Ain).

MENTIONS HONORABLES

Weyer et Cie, à Saverne. — Keller frères, à Saverne. — Chaillot et Gratiot, à Paris. — Droz, à Lyon. — Delassale, à Chazay-d'Azergues (Rhône). — Fleury, à Paris. — Granthomme, à Paris. — Quinsat, à Paris. — Bonhomme, à Lyon.

SECTION XVII

CLASSE 41e

Matériel et procédé de l'Exploitation des mines et métallurgie. — Des exploitations rurales et forestières.

CLASSE 51e

Produits de l'exploitation des mines et de la métallurgie, des exploitations et des industries forestières. — Cette classe comprend en dehors des minéraux et métaux bruts, les produits de l'élaboration de ces matières.

Fontes moulées, cloches. — Fer marchand, fers spéciaux, tôles et fers blancs, tôles pour blindage et construction. — Tôles de cuivre, de plomb, de zinc, pièces de forges et de grosse serrurerie et les produits de la tréfilerie, de la quincaillerie, de la taillanderie, de la ferronnerie, de tôlerie, de chaudronnerie et de la ferblanterie, ainsi que ceux de l'électro-métallurgie ; elle comprend également, en dehors des essences forestières, les bois d'œuvre, de chauffage et de construction ; les matières tannantes, colorantes, odorantes, résineuses, les objets de boissellerie, de vannerie, de sparterie, constituant l'industrie forestière. (Brosserie industrielle).

COMPOSITION DU JURY

Président.

TOURNAIRE...... St-ÉTIENNE.

Secrétaire.

DE CHALIGNY..... LYON.

Membres.

HAREL. GIVORS et PONT-ÉVÊQUE.
DE LA ROCHETTE.. GIVORS.
EUVERTE......... TERRENOIRE.
ANCEL............ LYON.
MANGINI (Félix)... LYON.
DUCHÊNE......... ROANNE.
BERRUET......... LYON.
BRUYAS (Guillaume) LYON.
JOUFFROY......... LYON.
OZIER............. LYON.

NOMS DES RÉCOMPENSÉS

DIPLOMES D'HONNEUR

Marrel frères, de Rive-de-Gier. — Société des forges et aciéries de Saint-Étienne. — Société des forges et aciéries de Firminy. — Jacob Holtzer, d'Unieux. — Dorian, Jakson, Holtzer et Cie, du Pont-de-Salomon. — Manhès, père et fils, de Lyon.

MÉDAILLES D'OR

Blanchet, d'Épinac. — Révollier-Biétrix, de Saint-Étienne. — Deflassieux frères, de Rive-de-Gier. — Teste, père et fils, de Lyon. — Mignon, Rouarts et Delinières, de Paris. — Jare et Cie, d'Ornans. — Baland, de Lyon. — Rouquairol Denayrouse, de Paris. — Carvès et Cie, de Saint-Étienne. — Bousquet et Cie, de Lyon. — Raffin et Durand, de Paris. — Dalifol, de Paris. — Hamon, de Rouen. — Sécretan, de Paris.

Rappels. — Compagnie des mines de Villefort et Vialas. — Arbel, de Couzon (Loire). — De Dietrich, de Niederbronn (Alsace). — Compagnie des forges de Montataire, de Paris. — Mage, de Lyon. — Société de la Vieille-Montagne, de Paris. — Œscher Mesdach, de Paris.

MÉDAILLES D'ARGENT

Bedel, de Saint-Étienne. — Bikford, de Rouen. — Channu, de Rouen. — Plissonier, de Lyon. — Bruno, de Rive-de-Gier. — Roussel, de Rosières. — Meunier Tillard, de Lyon. — Bouchage et Cie, de Lyon. — Ricot Patret, de Warigney. — Warnod fils et Meyon, de Niederbronn. — Burdin L., de Lyon. — Guillon et Perret, de Lyon. — Rommetin, de Paris. — Rheims, de Paris. — Moll, de Grossoli (Belgique). — Talabot, de Paris. — Schmidt et Hougton, de Washington (Angleterre). — Burnoud, de Lyon. — Ve Faugnier, de Lyon. — Nicaise, de Marinelle (Belgique). — Bourgeois, de Nouzon. — Doulton, d'Angleterre. — Société métallurgique de Paris. — Withwell, d'Adham (Angleterre). — Comité des Ardoisières de la chambre, de Lyon. — Vandel et Cie, de la Ferté-sous-Jouarre. — Fortoul Thévenin, de Mâcon. — Lambert, de Villafons. — Dugoujon, de Paris. — Bouland, de Paris. — Dassonville, de Belgique. — Lapierre, de Brest. — Libotte.

Rappels. — Cie des Asphaltes, de Paris. — Cie des Ardoisières, d'Angers. — Martin, de Sireuil. — Société métallurgique, de l'Ariège à Pamiers. — Enfer et ses fils, de Paris. — Limet, Lapareille, de Cosne. — Cie parisienne d'éclairage et de chauffage par le gaz, de Paris. — Ève, de Paris.

MÉDAILLES DE BRONZE

Ardoisière, de Sevin. — Pieux-Aubert, de Clermont-Ferrand. — Brun, de Livron. — Brigandot et Fivel, de Chambéry. — Brun, de Lyon. — Goyard, de Paris. — Claus, de Genève. — Crespe, de Bollène. — Cottelle, de Lyon. — Robert, de Lyon. — Mesmer et Cottelle, de Lyon. — Reynaud-Despotes, de Rive-de-Gier. — Artaud Laselve, de Neuville. — Guillet, de Lyon. — Dencausse, de Tarbes. — Mulatier-Silvan, de Lyon. — Lévy, de Fontenaye. — Husson, de Charleville. — Bauerfeld, de Saint-Clair. — Le Tellier, de Paris. — Haffners, de Sarreguemines. — Comeaux, de Lyon. — Leborgne, de Pont-de-Berry. — Carmoy, de Paris. — Dubreuil, de Paris. — Boucher, de Fumay. — Mathez, de Fontenay. — Société métallurgique de la Vienne de Paris. — Main et fils, de Cerdon. — Foin, de Paris. — Levret, de Paris. — Berger cadet, de Hollande. — Durschmidt, de Lyon. — Dumas, de Paris. — Jourdain, de Paris. — Degoumois, de Besançon. — Dinault, de Anzin. — Him et de la Longue, de Lyon. — Jacquet, de Chambéry. — Brun, de Lyon. — Pereira Cardoso, de Portugal. — Girard et Michalet, de Lorette (Loire). — Pissavy, de Lyon.

Rappels. — Limouzin, de Firminy. — Hawke. — Martin, de Genève.

MENTIONS HONORABLES

Pic, de Briançon. — Alfred Enfert jeune, de Paris. — Berne, de Ferminy. — Bontoux, de Lyon. — Société de Sainte-Bauzille et Montoulieu, de Paris. — Labesse, de Lorette. — Lobel, de Raisme. — Varrier-Varenne, de St-Étienne. — Violand, de Lyon. — Grandry, de Nouyon. — Pelletier, de la Ferté-sous-Jouarre. — Desercux, de St-Étienne. — Philippe et Vogeli, de Saint-Étienne. — Bouvier, de Lyon. — Moreau-Brichard, de Paris. — Semal, de la Fontaine-de-Saint-Évêque (Belgique). — Gallonnaire, de Lyon. — Mercier, de Lyon. — Auloge, de Lyon. — Sombonn, de Lyon. — Veuve Gilbert, de Lyon. — Aubert, de Nantes. — Mosoni, de Lyon. — Viton, de Lyon. — Billette, de Paris. — Prat-Noel, de St-Étienne. — Max-Baumstarck, de Milan. — Laboise.

SECTION XVIII

CLASSE 42e

Matériel et procédés des usines agricoles et des industries alimentaires. — Des arts chimiques de la pharmacie et de la tannerie.

COMPOSITION DU JURY

Président.

SAVALLE .... PARIS.

Secrétaire.

RABILLOUD............. LYON.

Membres.

DROUX .... PARIS.

PELLETIER .... PARIS.

NOMS DES RÉCOMPENSÉS

DIPLOMES D'HONNEUR

Hermann, Lachapelle, de Paris. — Morane, Florentin, de Paris. — Buffaud frères, de Lyon.

MÉDAILLES D'OR

Mignon et Rouart, de Paris. — Debatiste, de Paris. — Mlle Blaise, de Signy-le-Petit. — Duvergier, de Lyon.

Rappel. — G. Hermann, de Paris.

MÉDAILLES D'ARGENT

Mondelot, de Paris. — Rottner et Villard, de Lyon. — Kaulek fils et Bassy, de Paris. — Haffner, de Thann. — Mareschal, de Paris. — Castrogiovani, de Turin. — Corlieu, de Paris. — Gourdin, Vernhes, de Paris. — Delacquis, de Lyon. — Bréhier, de Paris. — Chapuis, de Paris. — Geoffroy, Gomez, de Toulouse.

Rappels. — Guéret, de Paris. — Beyer, de Paris. — Mesot, de Nancy. — Chenallier, de Paris. — Maldiné, de Paris. *Coopérative.* — Quénon, de la maison Savalle et Cie de Paris.

MÉDAILLES DE BRONZE

Denis, de Paris. — Delaporte et Junca, de Paris. — Denet, de Paris. — Terasson, de Lyon. — Pissavy, de Lyon. — Randu, de Lyon. — Colombier, de Lyon. — Moulard, de Tours. — Cadish, d'Arras. — Finaz, de Genève. — Lesault, de Paris. — Viel, de Paris. — Durafort, de Paris. — Piel, de Paris. — Penant, de Paris. — Briez, d'Arras. — Rave, de Lyon.

MENTIONS HONORABLES

Imbert, de Marseille. — Malen, de Paris. — Aman Vigié, de Marseille. — Cucherat, de Tournon. — Frétaud, de Montataire (Oise). — Gros-Prunier, de Pouilly-en-Auxois (Côte-d'Or). — Chausson, de Paris. — Billan, de Lyon. — Bareis et Hachnel, de Colmar. — Bigard, de Lyon. — Trainard, de Lyon. — Emile-Jules Raspail de Paris.

SECTION XIX

CLASSE 49e

Matériel agricole, procédés mécaniques de l'agriculture.

CLASSE 60e

Spécimens d'exploitations rurales et d'usines agricoles. — Plans de culture, assolements et aménagements agricoles. Matériel et travaux du génie agricole : dessèchements, drainage, irrigations. Plans et modèles de bâtiments ruraux. — Outils, instruments, machines et appareils servant au labourage et autres façons données à la terre, à l'ensemencement et aux plantations, à la récolte, à la préparation et à la conservation des produits de la culture. — Matériel des charrois et des transports ruraux. Machines locomobiles et manéges. — Matières fertilisantes d'origine organique ou minérale. — Appareils pour l'étude physique et chimique des sols. — Plans de systèmes de reboisement, d'aménagements de culture des forêts. — Matériel des exploitations et des industries forestières, — Meules et pierres meulières.

COMPOSITION DU JURY

Président.

BARRAL .... Paris.

Secrétaire.

Docteur L. de MARTIN. Paris.

Membres.

Baron THÉNARD...... Paris.
JOURDAN............ Lyon.
DELOCRE........... Lyon.
GAUTHERIN........ Lyon.
FAVRET............ Lyon.
GRANDVOMNET..... Grignon.
Vte de St-TRIVIER.... Paris.
BRUNET............ Marseille.
DENIS.............. Lyon.
SAINT-ETIENNE..... Lyon.

Jurés-Adjoints.

BATALHA (Reis) .... Lyon.
CHARPENTIER (Paul) Lyon.

NOMS DES RÉCOMPENSÉS

DIPLOMES D'HONNEUR

Aveling et Porter, de Londres. — Gerard, de Vierzon. — W. Sprague, de Providence (Etats-Unis). — Pavy, de Mézières. — Gaillard aîné, Petit et Halbout, de la Ferté-sous-Jouarre. — Moissenet (Jules), de Moires (Belgique). — Smith, James et fils, de Paris. — Muguiot, de Dijon. — Roger fils et Cie, de la Ferté-sous-Jouarre. — Mabille, d'Amboise. — Samain, de Blois. — Plissonnier, de Loisy, près Tournon.

MÉDAILLES D'OR

Bailly et Cie, de La Ferté-sous-Jouarre. —Dupety, Theury, Guevin, Bouchon et Cie, de la Ferté-sous-Jouarre. — Del Ferdinand, de Vierzon. — Tillard, Meunier et Bouchage, de Lyon. — Michaux, de Bonnières. — Demouilles, de Toulouse. — Dufour, de Dijon. — Demeaux, de Toulouse. — Delahaye, de Liancourt. — Louet frères, d'Issoudun. — Corbin, Henri, de Paris. — Paupier. Léonard, de Paris. — Gaulay, Charles, de Paris. — Marchand, de Tours. — Mauduit, de La Châtre. — Bonis, Eugène, de Marseille. — Lhuilier, de Dijon.

MÉDAILLES D'ARGENT

Charlas, de Lyon.—Messager, d'Auxerre. Mathian, de Lyon. — Terrel des Chênes, de Villié-Morgon. — Nagel, de Lyon. — Ray Pall, de Saint-Etienne. — Bresson, de Bourges. — Corroy, de Rousseau, par Neufchâteau. — Maurel, de Marseille. — Roland Lodier, de Lyon. — Fontenaille, de Villefranche. —Béziat, de Lyon. — Touronnias, de Lyon. — Fauqueux de La Ferté-sous-Jouarre. — Doin, de Chalon-sur-Saône. — Chassaing-Peyrot, de Domme. — Rose, de Poissy. — Gaillod, de Pommard. — Higuette, de Paris. — Prat, de Saintes. — Frühinsholz, de Schlitigheim. — Vuberod, de Dijon. — P. François, de Vitry-le-Français. — Lefebvre, de Triéchateau. — Renaut, Goin, de Saint-Maur. — Auber, de La Vilette. — Gonnard, de Pont-de-Veyle.

— Pauvé, Millot, de Troyes. — Samuel et Peirusset, de Paris. — Moreau, Chaumier, de Tours. — Luc et Chauvin, de Paris. — Le Breton, de Paris. — Lieutel Jacotot, de Dijon. — Fayet, d'Oran (Algérie). — Roussel, de Rosières. — Mongeot, de Sidi-bel-Abbès (Oran). — Pesant, de Maubeuge. — L. Dornon, de Lyon. — Frey (Eugène), de Ronzel. — Charmet, de l'Arbresle. — Dangreville-Cherrond et Valard, de la Ferté-sous-Jouarre. — Grilleux, de Segri, (Maine-et-Loire).

Coopératives. — Morlin, chez M. Géron. — Luillier, maison Gérard. — Voilhard, maison Gérard.

MÉDAILLES DE BRONZE

Castié-Talma, de Lésignan (Aude). — Vigouroux, de Nimes. — Giraud, de Lyon. — Marmonier, de Lyon. — Meunier, de Lyon. — Charton.-Rey, de Nuits (Côte d'Or). — Angrot, de Bel-Air (Mâcon). — Esprit, de Lyon. — Hermann-Lachapelle, de Paris. — Henry Fleury, de La Ferté-sous-Jouarre. — Perrier, de Nimes. — Thibaudier, de Lyon. — Rollet-Lebeau, de Saint-Germain-Mont-d'Or. — Ducroquet, de Bumigni. — Robert, de Montmeyran. — Morel, de Lyon-Vaise. — Lieutel, de Dijon. — Mesnet, de Cinq-Mars. — Schneider-Nusperly (Suisse). — Arthus, de Domme. — Buffaud frères, de Lyon.

Coopérative. — Benjamin, chez M. Gérard, Vierzon.

MENTIONS HONORABLES

Cucherat, de Tournon. — Chirouze, de Tournon. — Frangin, de Lyon. — Dardenne-Couture, de Chimay. — Brisgaut, de Cinq-Mars. — Sarrazin, de Palinges. — Lepetit, de Dijon. — Dubois-Gérard, de Sergine (Yonne). — Grandjean, de Lyon. — Berger, de Lyon. — L'Abbé Moulin, de St-Andéol-le-Château, près Givors. — Garnier, de Nyons. — Guttin, de Romans. — Girardin, d'Etampes. — Aurange, de Privas. — J. Gérard. — Constantin, de Bruxelles. — Charbonnier, de Lyon. — Dassonville, de Namur (Belgique). — Cortial-Vasseyre, de St-Paulien. — Chambard, de Villeurbanne. — Moncel, de Charbonnières (Rhône). — Chapperon, de Communey (Isère). — Nicolas. — Luizet, d'Ecully (Rhône).

SECTION XX

CLASSE 44e

Matériel et procédés de l'industrie des tissus (soie non comprise), du filage et de la corderie, du tissage, etc.

COMPOSITION DU JURY

Président.

BURDET................. Lyon.

Secrétaire.

COINT-BAVAROT......... Lyon.

Membres.

AUDIBERT...............

SOUTON.................

NOMS DES RÉCOMPENSÉS

MÉDAILLES D'ARGENT

Martinot, de Sédan. — Sthelin, de Thann. — Carue.

MÉDAILLES DE BRONZE

Mage ainé, de Lyon. — Hortmans, de Liége. — Bailly, de Pont-de l'Arche. — Repelin Corréard.

MENTIONS HONORABLES

Dupont Hénos. — Le marquis de Berthier.

SECTION XXI

CLASSE 45e

Matériel et procédés de la couture et de la confection des vêtements. — Machines à coudre, à piquer, à ourler, à broder ou à découper les étoffes et les cuirs, machines à clouer, à visser les chaussures.

COMPOSISION DU JURY

Président.	*Membres.*
CAUSSADE .... PARIS.	PINET .... PARIS.
Secrétaire.	BURDET............... LYON.
DE MARNYHAC .... LONDRES.	

NOMS DES RÉCOMPENSÉS

DIPLOME D'HONNEUR

Elias Howe.

MÉDAILLES D'OR

The Singer manufacturing et Co. — Constant Peugeot, d'Audincourt. — Bradbury et Co, d'Oldham. — Marc Klotz, de Paris.

Rappel. — Pollack Schmidt et Cie, de Paris.

MÉDAILLES D'ARGENT

Heurekssen, de Copenhague. — Neveux frères, de Paris. — Pusin, de Condrieu. — Milward, and Sons (Angleterre). — Société générale des machines à coudre, de Paris. — Turner, de Birmingham. — Nardy, de Marseille.

Coopérative. — Ahne, maison Peugeot, de Lyon. — Sugden Robert, chez Bradbury. — Woodruf (maison Singer). — Rousset (maison Elias Howe). — Costal (maison Peugeot. — Pouillieu (maison Pollack). — Guyot (maissn Alminana). — Anderson (maison Singer).

MÉDAILLES DE BRONZE

Jugla, de Paris. — Alminana et Sarkissian. — Dally, de Lyon. — Shilingford, de Londres. — Cabourg, de Paris. — Woodfield (Angleterre). — Newton-Wilson, de Londres. — Baylis et sons, de Reddisch. — Guillot Sylvestre, de Romans (Drôme). — Mays (Angleterre). — Alwood (Angleterre.) — Avery et Sons. — Train, de Paris. — Rallitto, de Roanne.

MENTIONS HONORABLES

Sabot, de Saint-Étienne. — Bost, de Lyon. — Giessner, de Lyon. — Kientz (Isère) — Millward.

SECTION XXII

CLASSE 46e

Matériel et procédés de génie civil des travaux publics et d'architecture. — Matériaux de construction. — Matériel des travaux de terrassement, serrurerie fine, matériel et engins de travaux de fondation, matériel et appareils servant aux distributions d'eau et de gaz. — Coffres-forts. — Modèles, plans, dessins des travaux publics ou particuliers, machines et procédés de la construction des objets de mobilier et d'habitation. — Machines à débiter, à découper, à chantourner les bois, à faire les moulures, les parquets et les meubles, à scier, à polir, les pièces dures, les marbres et les matières employées dans la construction, l'ameublement ou l'ornementation des habitations, à estamper, à ambourbir. — Plans types ou specimens de cités ouvrières, ou d'habitations proposés pour les ouvriers et caractérisés par le bon marché unis aux conditions d'hygiène et de bien-être.

COMPOSITION DU JURY

Président.	*Membres.*
AYNARD .... LYON.	BELLEMAIN............. LYON.
	BERNARD............... LYON.
Secrétaire.	BONNET-FICHET......... PARIS.
	BRESSON................ LYON.
GOBAIN.................. LYON.	DESJARDINS .... LYON.

NOMS DES RÉCOMPENSÉS

DIPLOMES D'HONNEURS

A Savy, de Paris.— Coignet fils, de Paris et de Lyon.

MÉDAILLES D'OR

Traverse, de Lyon. — Chameroy fils, de Paris. — Mora, de Lyon. — Boch frères, de Maubeuge. — Avril, de Montchanin-les-Mines. — Tasson, de Paris. — Adeline, de Paris.

MÉDAILLES D'ARGENT

Joret et Cie. — Sallesse. — Haffner. — Dolune et Cie. — Delong et Cie. — Boulanger. — Pont-Ollion. — Chrétien. — Jomain et Sarton. — Lauzun. — Vaillant. Ferté et Laour — Nicolas. — Selva père et fils. — Blumer Rabatel. — Cavellier. — Duret. — Euler. — Clément. — Tranchant. — Carvin.

MÉDAILLES DE BRONZE

Defontaine. — Perrusson. — Fayard, Giraud. — L'Association générale des ouvriers marbriers. — Aurran. — Bogey et Boige. — Chollet. — Boivin. — Corcelet Jouguet. — Magaud Charf. — Debernardy. — Zeller. frères. — Bonhomme. — Saunier. — Soullier et Brunot. — Goudonin — Simons et Cie. — Ménard, Letacq. — Desfeux. — Anderson. — Augert et Rolf. — Letacq. — Chosson.

MENTIONS HONORABLE

Le bataillon des sapeurs-pompiers de Lyon, pour l'importation de l'échelle de sauvetage inventée par M. Porto Paolo, de Milan. — Branchu. — Bocquet. — Billet et Cie. — Dumont. — Challier. — Viossat. — Fournier frères. — Berger. — Mazzioli et del Turco. — Bontoux. — Eterlin. — Buisson. — Bonnet. — Lespinasse. — Chatel. — Demange. — Fourgeau. — Ferrand. — Gondran. — Gautier. — Humbert et Noel. — Assereto. — Drevet et Christin. — Wingerter. — La compagnie des forges de Montataire. — Serpolet.

SECTION XXIII

CLASSE 47e

Matériel et procédés de la papeterie, des teintures et des impressions. — Matériel d'impression de papiers peints et des tissus, du blanchissement, de la teinture et de l'apprêt des papiers et des tissus, de la fabrication du papier à l'étuve et à la machine. — Appareils pour gaufrer, régler, glacer, moirer, découper, rogner, timbrer les papiers. — Matériel, appareils et produits des fonderies en caractères, clichés. — Machines et appareils employés dans la typographie, la stéréotypie, la galvanoplastie, l'impression en taille douce, l'autographie, la lithographie, la chalcographie, la paniconographie, la chromolithographie, etc.

CLASSE 48e

Produits de toutes sortes fabriqués sur place par des ouvriers chefs de métiers travaillant à leur propre compte, soit seuls, soit avec le concours de leur famille ou d'appqentis. — Instruments et procédés fonctionnant sous les yeux du public, et qui sont plus spécialement adaptés aux convenances du travail exécuté en famille au foyer domestique. — Travaux manuels où se manifestent, avec un caractère particulier d'excellence, la dextérité, l'intelligence ou le goût de l'ouvrier.

COMPOSITION DU JURY

Président.

SEGUIN.................

Membres.

KLEBER................. RIVES.
VERONNET............. LYON.
GANTILLON.............. LYON.
MARNAS................ LYON.

NOMS DES RÉCOMPENSÉS

MÉDAILLES D'OR

Jouffray aîné et fils, de Vienne. — Legat, de Paris. — Magnand, de Paris. — Coopers Molard, de Paris.

MÉDAILLES D'ARGENT

Orioli-Escoffier. — Duvergier, de Lyon. — Gabert frères. — Ducommun et Cie, de Mulhouse. — Brisset. — Balech. — Binet. — Schmautz. — Buffaud.

MÉDAILLES DE BRONZE

Poirier. — Vincent. — Claris père et fils. — Routier-Peignot. — Cayssac.

MENTIONS HONORABLES

J. Decoudun et Cie. — Charrier et Cie. Kosmann. — Delacroix.

SECTION XXIV

CLASSE 49e

Modèles divers de locomotion par terre ou par eau. — Matériel des chemins de fer, dessins et spécimens, carosserie et charronnage, bourrellerie et sellerie. — Matériel de la navigation et du sauvetage. — Navigation de plaisance, aérostats, etc.

COMPOSITION DU JURY

Président.

BANIÉ................. PARIS.

Secrétaire.

CHARCOT............... PARIS.

Membres.

EHRLER................ PARIS.
GIRON................. PARIS.
PERRACHON............. PARIS.
COLLOMB............... LYON.
MANGINI............... LYON.

ANNEXE (NAVIGATION)

Président.

COQUEREL.............. LYON.

Membres.

GUILLERME............. LYON.
MONTAGNON............. LYON.
CHARVET............... LYON.
PAULAND............... LYON.

NOMS DES RÉCOMPENSÉS

DIPLOMES D'HONNEURS

Milion-Guiet, de Paris. — Blin de St-Armand, de Vienne.

MÉDAILLES D'OR

Faurax frères, de Lyon. — Robergeot et Tollet, de Lyon. — Adeline de Paris.

MÉDAILLES D'ARGENT

Desouches, de Paris. — Riégel, de Paris. — Rétif, de Sancoins. — Mouterde fils de Lyon. — Vacher, de Lyon.

Rappel. — Colas, de Courbevoie. — Rabourdin, de Paris. — Vidard, de Paris.

MÉDAILLES DE BRONZE

Dubosq, de Bordeaux. — Roesh, de Lyon. — Perrousset, de Paris. — Guerrain, de Grenoble. — Michaux, de Paris. — Corcelet. — Bernard et Jenguet de Lyon. — Anthony, de Paris — Savignon, de Lyon. — Massin, de Vienne (Isère). — MarckAntoine, de Lyon. — Pétillat, de Cussel. — Perrot, à Vienne (Isère).

MENTIONS HONORABLES

Perrigaux, de Lyon. — Valette père et fils, d'Annonay. — Camus, de Paris. — Labbé, de Bourges. — Jacquier, de Parsi.

Guérin Mallen, de Lyon. — Gaisseler. — Longuet, de Paris. — Meynier, de Lyon.

Coopérative. — Albiges (Jean-Louis), contre-maître, et Louis Alexandre, menuisier, de la maison Million-Guiet de Paris. — Hudry (Paul), forgeron. — Morel (Jean), menuisier, — Raize, sellier. — Chanat (Pierre), ferreur, — Jarricot, peintre : de la maison Faurax frères, de Lyon. — Thomassin, charron, — Fournier, peintre, — Durut, sellier, — Chamoieton : de la maison Roberjot et Tollet, de Lyon.

SECTION XXV

CLASSE 50e

Armes diverses, engins de la pêche et de la chasse. — Armes de guerre et de chasse. — Piéges, engins et équipements de chasse. — Lignes et hameçons, harpons, filets, appareils et appâts de pêche.

COMPOSITION DU JURY

Président.

FLACHAT .... St-Étienne.

Secrétaire.

GARILLAND........ St-Étienne.

Membres.

RICHARD............ Lyon.

POLONIUS .... Lyon.

NOMS DES RÉCOMPENSÉS

DIPLOMES D'HONNEUR

Pontdevaux, de St-Étienne. — Galland, de Paris.

MÉDAILLES D'OR

Badinant frères, de St-Étienne. — Javelle Magand, de St-Étienne.

Rappels. — Rivollier, Bouniand et Blanc, de St-Étienne. — Fonvielle, de St-Étienne. — Ronchard, de St-Étienne.

MÉDAILLES D'ARGENT

Escoffier, de St-Étienne. — Martinier, de St-Étienne. — Berger, de St-Étienne. — Rivoire, de St-Étienne. — Badier, de Tours. — Clair, de St-Étienne. — Ronchard, de St-Étienne. — Mme Mouchet, de Lyon.

MÉDAILLES DE BRONZE

Jarre. — William Soper. — Coutelle, à Berne. — Fayart. — Granjon. — Bonavion. — Lathoud. — Serrin, à Paris. — Balp.

MENTIONS HONORABLES

Gouillou. — Hurtu et Hautin. — Salles (Édouard). — Garnier. — Magnin-Berthéas. — Aurouze. — Adeline. — Nolot.

GROUPE V

Produits bruts et ouvrés des Industries extractives

SECTION XXVI

CLASSE 52e

Produits chimiques et pharmaceutiques. — Acides, alcalis, sels de toutes sortes, produits divers des industries chimiques. — Matières premières et dérivées. — Produits de l'industrie du caoutchouc et de la gutta-percha, cires, résines, amadou, substances tinctoriales et couleurs. — Engrais et procédés chimiques de l'agriculture. — Eaux minerales et eaux gazeuses naturelles et artificielles. — Produits pharmaceutiques, médicaments simples et composés. — Tabacs en feuilles ou fabriqués.

COMPOSITION DU JURY

Président.	
GLÉNARD .... LYON.	
Vice-Président.	
LOIR .... LYON.	
Secrétaire.	
RANGOD-PECHINEY .... LYON.	
Membres.	
SCHEURER-KESTNER... THANN.	
MARNAS J.-A........... LYON.	
CHEVALIER-ESCOT ..... LYON.	
P. CHEVALIER .... LYON.	
E. CHEVALIER .... LYON.	
CASTHELAZ .... LYON.	
TISSIER Aîné .... LYON.	
GUIMET .... LYON.	
ROCHRIG .... LYON.	
CARTAZ .... LYON.	
CROLAS .... LYON.	
TISSIER Fils .... LYON.	

NOMS DES RÉCOMPENSÉS

DIPLOMES D'HONNEUR

La compagnie des usines de St-Gobain, Cirey et Chauny. — Henry Merle, d'Alais. — Coignet, de Lyon. — La compagnie d'éclairage au gaz de Paris. — Poirrier, de St-Denis (Seine). — E. Coez et Cie, de St-Denis (Seine). — Compagnie Price, de Londres.

MÉDAILLES D'OR

Leperdriel, de Paris. — E. Packard, de Spwick. — Rigollot, de Paris. — Wiallon, de Lyon. — Carves et Cie, de St-Étienne. — Chatanay et Cie de Lyon. — Desnoit et Cie, de Paris. — Chevet et Girard, de Paris. — Didot, de Paris. — L. Faure, de Lille. — Gerber Uhlmann, de Bâle (Suisse). — Girard et Delaire. — Société la Phenyline, de Paris. — Guinon fils et Cie, de Lyon. — Guinon jeune et Picard, de Lyon. — Meissonnier, de Paris. — Camus frères, de Paris. — J.-C. Gros, de Mulhouse. — Hottot et Baudault, de Paris. — Koch et Cie, de Paris. — Meissonier, de Paris.

MÉDAILLES D'ARGENT

Vezu, de Lyon. — Viel, de Tours. — Anselme et Marassi, de Marigliano. — Antoine, de Paris. — Augas, Courtin, d'Orléans. — Berthoux et Cie, de Lyon. — Bidault et Cie, de Clermont-Ferrand. — Boin Imbert, de Lyon. — Société anonyme, de Buxière-la-Grue. — Chevallier, de Lyon. — Courtois et Cie, de Mulhouse. — Convert et Saulnier, de Lyon. — Daniel et Teissier, de Marseille. — Faussemagne, de Lyon. — Field, de Londres. — Groots frères, de Hollande. — Knapp, de Strasbourg. — Laugier, de Marseille. — Lefebvre, de Paris. — Lorillieux, de Paris. — Lutringer, de Lyon. — Mauders frères, de Londres. — Maunier frères, de Marseille. — Morel, de Marseille. — Orlando James, de Londres. — Piot et Cie, de Lyon. — Rang et Cie, de Bruxelles. — Renard, de Paris. — Jules Serin, de Paris. — Sirandré frères, de Dijon. — Soehné frères, de Paris. — Tinchaut, d'Anvers. — Tissot père et fils, d'Asnières. — Toiray Morin, de Paris. — Tronchet, de Marseille. — L. Venèque, de Paris. — Ranque, de Marseille. — Bourgeaud et Beslier, de Paris. — James and Sons, de Plymouth (Angleterre). — Baron de Cartier (Belgique). — Joffre. — Société anonyme de Croix, près Roubaix. — Dunod et Bougleux, de Paris. — Faure et Kessler, de Clermont. — Fayard, de Lyon. — Albespeyre, de Paris. — Gastoux, de Lyon. — Gerbay, de Roanne. — Gigodot et Laprevote, de Lyon. — Guichon, de Lyon. — Jallabert et Cie, de Lyon. — Laracine, de Lyon. — Michaux, de Bounières (Seine-et-Oise). — Dr Niepce, d'Allevard. — Fabrique de Paulille (Pyrénées-Orientales). — Phosphates du midi de St-Antonin (Tarn-et-Garonne). — Storck et Cie, de Paris. — Tancrède frères, de Paris. — Sauret, de Lyon.

MÉDAILLES DE BRONZE

Amene, de Clermont-Ferrand. — Aroud,

de Lyon. — Balois, de Dôle. — Baume, de Lucenay. — Bernard, de Paris. — Bouillon et Mayousse, de Lyon. — Bertrand, d'Annonay. — Chassaing-Guénon, de Paris. — Chomienne, de Lyon. — Clolus, de St-Mandé. — Crébely, de Rochefort. — E. Conti fils, de Livourne. — Desmales, de Lyon. — Martin Day, de Paris. — Dive, de Mont-de-Marsan. — Drouart, de Paris. — Fouchet, de Paris. — Fouque, de Nice. — Frossart de Payerne. — Gauthier, de Lyon. — Gerbaut frères, de Mulhouse. — Girardin, de Nancy. — Gorniot, de Paris. — Guelpa, de Belley. — Jaille, d'Agen. — Jamet, de St-Chamond — James et Sons, de Plymouth. — Journet, de Grasse. — Heller, de Genève. — Legros, d'Autun. — Leplat, de Serves. — Limousin, de Paris. — Martel, de Lyon. — Mazade et Dalloz, de Lyon. — Meynet, de Paris. — Adolphe Meyer, de Paris. — Olivier Fouque, de Marseille. — Joseph Olivieri, de Marseille. — Ozier, de Lyon. — Passavent et Sons (Angleterre). — Pecol, de St-Chamond. — Peillonex, de Chenebourg (Suisse). — Phalipau, de Paris. — Platel, de Lyon. — Prudon et Cie, d'Ivry. — Ranque, de Marseille. — Rendu, de Lyon. — Richard, de Marseille. — Ricqlès, de Lyon. — Sentend, de Lyon. — Sevin, de Paris. — Simon, de Lyon. — Schlumberger, de Bruxelles. — Sonnet, de Dige (Yonne). — Soulié-Comte, de St-Chamond. — Stephens, de Londres. — Théo Salzédo, d'Espagne. — Vincent, de Marseille. — Vellekens, d'Anvers. — Ulmars-Villette, de Lille. — Vicat, de Paris. — Pernet, de Lyon. — Marchal, de Besançon. — Henry, de Lyon. — Hemingway, de Bradford (Angleterre). — Joffre, de Lyon.

MENTIONS HONORABLES

Artige, d'Aubenas. — Asperti et Pasquali, de Chiasso. — Baron, de Marseille. — Boissi, de St-Denis. — Birr, de Strasbourg. — Blachet, de Bourg-de-Péage. — Boudin de Lyon. — Calvé, de Bordea x. — Chapuis-Bertrand, de Dijon. — Courret, de Marseille. — — Fallière, de Paris. — Farge, de Lyon. — Ferrand et Leca, de Marseille. — Gereste, de Marseille. — Gérhard, de Paris. — Guyot, de Lyon. — Hickisson, de Londres. — Mme de la Houssaye, de St-Sébastien. — Jacqui, de Lyon. — Lambotte, de Cholkier (Belgique). — Langerin, de Périgueux. — Maniglier, de Vesoul. — Masson, de Lyon. — Mouraille-Pougnet, de Marseille. — Nielli, de Philippeville. — Patricot, de Lyon. — Pélissier-Sylvestre, d'Annonay. — Pellet, de Philippeville. — Plantié, de Bayonne. — Pujolle, de Castres. — Robelin, de Dijon. — Salomon Nathan, de Marseille. — Tourniaire, de Marseille. — Société des sources réunies de Saint-Galmier. — Établissement d'Uriage, de St-Ferréol. — Monnier, de Lyon. — Belon et Balme, de Marseille. — Joseph, de Lyon. — Boey, de Belgique.

SECTION XXVII

CLASSE 33e

Cuirs et peaux. — Peaux vertes, peaux salées. — Cuirs tannés, corroyés, apprêtés ou teints, cuirs vernis, tiges et veaux cirés. — Maroquins et basane, peaux hongroyées, chamoisées, mégissées, apprêtées ou teintes. — Peaux préparées pour la ganterie. — Parchemins, articles de boyauderie. — Baudruche, nerfs de bœufs.

COMPOSITION DU JURY

Président.

RICORD . . . . PARIS.

Vice-Président.

MAUGÉ . . . . LYON.

Secrétaire.

SOUVAIRAN. ANNEMASSE (Hte-Sav.)

Membres.

GIRARD . . . . LYON.

KOCH (Sébastien) . . . . LYON.

PERROUD . . . . LYON.

ROUVEURE . . . . ANNONAY.

C. VINCENT . . . . PARIS.

NOMS DES RÉCOMPENSÉS

DIPLOMES D'HONNEUR

Allégatière, de Lyon. — Houette et Cie de Paris. — Soyer, de Paris. — Sueur et fils, de Paris. — Fortier-Beaulieu, de Paris. — Lesaulnier, de Paris. — Julien, de Marseille.

MÉDAILLES D'OR

Henry, de Coulommiers. — Brunel Jaccaz et Donant, de Paris. — Ditty Collet, de Lyon. — Autran frères, de Marseille. — Duffort, de Paris.

MÉDAILLES D'ARGENT

Bizouard-Grosbois, de Semur. — Briot frères, de Saint-Hyppolite. — Glavé Bertrand, de Coulommiers. — Dorgé-Heuzé, de Coulommiers — Pichenot frères, de Saulieu. — Pitout frères, de Lyon. — Piret Panchet, de Namur. — Robelin, de Lonjumeaux. — Roux fils, de Vitry-sur-Seine. — Godart et Dubé, de Chaumont. — Lombard, de Marseille. — Veuve Courtois, de Paris. — René Pillait, de Paris. — Bal et fils, de Chambéry. — Beloin (Clément), d'Anger. — Cauvin-Varin, de Paris. — Chaulle et Lecerf, de Paris. — Goiffon, Duc et Cie, de Paris.—Rosier, de Lyon, Sendret fils, de Metz. — Simon Ulmo, de Lyon. — Roque, de Montpellier. — J. Boisserand, de Dijon. — Cyprien Rochier, de Lyon. — Dailly, de Lyon.—Gouraud père et Imbert, de Lyon. — Chapuis, d'Annonay. — Chenevas, d'Annonay. — Garnier, de Paris. — Marchand, de Paris. — Veuve Chapot et fils, de Chambéry. — Berthaud, d'Issoudun. — Choureaux, de Paris. — Lutz, de Paris. — Poirier, de Paris. — Parent, de Givet. — Guérin de la Roche, de Paris.

MÉDAILLES DE BRONZE

Fanet, de Lons-le-Saulnier.—Frileux, de Villeneuve. — Bocciardo, de Gène. — Girard frères, de Nancy. — Lebrun, de Châteaudon. — Marandon, d'Argenton. — Trachsel, de Meudon. — Thierry, de Luxeuil. Sorrel, de Moulins.—Zimmerman, de Lyon. — Desoudun et Perrier, de Foudon. —Déon, fils, de Sens. — Veuve Dougé et Levistre, de Dijon. — Garde, d'Avignon. — Lacollonge, de Lyon. — Lefebvre et Debonte, de Paris. — Meysonnier, d'Annonay.—Michel et Vieil, de Carpentras. — Silvain, de Marseille.—Desbenoit, de Roanne. — Gonbert de Lyon. — Victor Masson fils, de Chambéry.—Robelin, de Toissey.—Trouttet et Thévenet, de Lyon. — Allard, de Marseille. —Broquier, de Marseille. — Renaud Chareaux, de Nancy. — Chevaillier, de Paris. — Couferon, de Paris. — Vetter père et fils, de Lyon. — Robert Labarthe, de Paris. — Guiband fils, de Pézenas. — Burc, de Paris. — Callamard, de Lyon. — Peigne et Chouppe, de Paris. — Bastie et Cie, de Toulon.—Dorel, de Grenoble.—Pinède, de Bayonne. — Bouvier-Grenier, de Maringue. — Poireaux, de Lyon. — Bel, d'Autun. — Dismurger, de Lyon. — Rouillier, de Paris. — Pajaud, d'Argentan. — Chantrain, de Bruxelles.

MENTIONS HONORABLES

Armand, d'Ivry-la-Bataille. — Garnier, de Quissac. — Parayre et Coste, de Ceret. — Breuot, de Lyon. — Capblevilla-Ramon, d'Avignon. — Crepu, de Lyon. — Massoutier, de Grauthet.— A. Nugue, de Lyon. — Canet, de Lyon. — — Dechosal, d'Annecy. — Dupoizat, de Lyon. — Tholon, de Lyon. — Favre, de Lyon. — Hesse, de Lyon. — Bachet d'Anneey. — Orsolle, de Lyon. — Garnier frères, de Goudrecourt. — Philibert et Levet, de Lyon.

GROUPE VI

Alimentation

SECTION XXVIII

CLASSE 54e

Céréales et autres produits comestibles avec leurs dérivés. — Froment, seigle, orge, riz, maïs, millet et autres céréales.— Grains mondés et gruaux ; fécules diverses. — Produits farineux, mixtes.—Pâtes d'Italie, vermicelle, macaronis. — Préparations alimentaires propres à remplacer le pain. — Produits divers de la boulangerie et de la pâtisserie.

COMPOSITION DU JURY

Président.

BARON THENARD.... PARIS.

Secrétaire.

BRUNET............ MARSEILLE.

Membres.

BARRAL........... PARIS.
JOURDAN.......... LYON.
DELOCRE.......... LYON.
GAUTHERIN........ LYON.
FAVRET........... LYON.
GRANDVOINET..... GRIGNON.
Vte DE St-TRIVIER .. PARIS.
DENIS............ LYON.
ESTIENNE......... LYON.
Dr L. DE MARTIN ... LYON.

NOMS DES RÉCOMPENSÉS

DIPLOMES D'HONNEUR

La société des fabricants de pâtes alimentaires de Lyon. — Groult-Camille. de Paris. — Kœchlin E. F., de Mulhouse.

MÉDAILLES D'OR

Mistral, de Saint-Rémy. — Trébucien frères, de Paris.

MÉDAILLES D'ARGENT

Aubert, d'Aix. — Moïse, de Marseille. — Ranixe, de Clermont-Ferrand. — Laszlo, de Hongrie. — Taupenot, de Châlon-sur-Saône. — Thozet, A., de Paris. — Frey Witz, de Mulhouse. — Ambroziani d'Oulx (Italie). — Mauprivez, de Paris. — Ernest Barbot, de Larochelle. — Félix Potin, de Paris. — Rouvier, de Marseille. — Rousset, de Lyon.

MÉDAILLES DE BRONZE

Jouve, J.-B., de Marseille. — Hector Bassot, de Dijon. — Philippe Jeannot, de Saint-Jean-de-Losne. — Léonard Savard, de Paris. — Cavagé, H. et Cie de Crépiac. —Delcros, de Brives (Hte-Loire).— Auguste Coueste, d'Aix. — Marcou, de Toulouse. — Laporte neveu, de Toulouse. — Michallet, de Lyon. — Maria et Cie, de Paris. — Clerc, de Lyon. — Crucer, de Lorient. — Adolphe Rousset, de Valréas (Vaucluse). — Dumoutier, de Claville. — Robillard, d'Heursie. — L. Abadie, de Beaumont. — Vincent Abauzit, d'Uzès (Gard). — Raynbird-Coldecot-Bautré-Douling (Angleterre). — Th. de Bauër, de Konigsfeld. — Spont de Paris.

MENTIONS HONORABLES.

Chabod, de Lyon. — Palumbo Mathéo, de Salerne.

SECTIONS XXIX ET XXX

CLASSE 55e

Corps gras alimentaires.—Graisse, huile, laitage, beurre, fromage, œufs de toutes sortes.

CLASSE 56e

Viandes et poissons. Viande fraîche, salée, conservée, tablettes de viande, volaille, gibier.—Poissons frais, salés, conservés dans l'huile ; crustacés et coquillages.

CLASSE 57e

Légumes et fruits. — Tubercules, légumes farineux secs, légumes verts à cuire, légumes et racines, légumes épices, cucurbitacés, produits des cueillettes, conserves diverses de légumes, fourrages conservés, fruits frais, fruits secs et préparés, fruits conservés sans le concours du sucre.

COMPOSITION DU JURY

Président.

DUFIER .... LYON.

Membres.

THÉRON (Louis).... LYON.

CAP. BESSON .... LYON.

WATTEBLET ...... LYON.

BENIER-PIQUANT.. LYON.

BONNET .... LYON.

NOMS DES RÉCOMPENSÉS

HORS CONCOURS

Caves réunies de Roquefort. — Joffroy (Alexis), de Paris. (Liébig).

DIPLOMES D'HONNEUER

Doyen, de Strasbourg. — Bonfils, de Carpentras. — Tessier-Sollier, de Roquefort.

MÉDAILLE D'OR

Chatal Tardy, de Lyon. — Chevalier, de Paris. — Chosson, de Lyon. — Theyssoneaux et ses fils, de Bordeaux. — Thireaux, de Beaufort. — Naquet père et fils, de Carpentras. — Schnéegans, Rub. de Strasbourg.

Rappel. — Roussel aîné, de Roquefort. — Perrier, de Crest. (Drôme) — Henry, de Strasbourg.

MÉDAILL D'ARGENT

Grassot, de Saint-Denis. — Bonnard, de Lyon. — Miroille Tarascon, de Vaison. — Moine, de Lyon. — Muratoris de Port-Maurice. — Greppo, J.-P., de Lyon. — Philippe Berrio, de Lucques. — Denoi et Cie, de Paris. — Demeurat, de Tournon. — Lambert, de Nantes. — Blanchet, Gabriel, de Paris. — Neppert-Lombard, de Lyon. — Bischoff, de Colmar. — Quet, de Lyon.

Rappels. — Potin, de Paris. — Vicat. de Paris.

MÉDAILLES DE BRONZE

Maiyargues de Nice. — Rosière, de Romainville. — Vicard, de Lyon. — Schupbach, de Berne. — De l'Espine, d'Avignon, — Geymet de Maussence. — Stable, de Nice. — Anglo Wiss (Suisse). — Mandet, de Tarare.—Baudet, de Saint-Laurent.—Dronne, de Paris. — Viard, de Paris. — Mercier, (Basses-Pyrénées). — Pols, de Londres. — Lilia Edwards, de Londres. — Peyron, de Quimperlé.—Aumont, de Graville. —Cassegrein, de Nantes. — Terrier-Brunet, de Paris. — Paul Maurin, de Salerne. — Remondet, de Lucenay. — Augereau, de Nantes. — Jean Allo, de Nice. — Bareis, de Colmar. — — Itier, de Lyon. — Bourcier, de Lyon. — Goisson, de Lyon. — Porcor, de Barcelonne. — Avigdor, de Nice. — Savard.

MENTIONS HONORABLES

Alphonse Obez. — Cavagé, de Grépiar. — Guillen et Bourgeois. — Tressinge, de Montignac. — Leygonie. de Meyssac. — Facconi Paolo, de Bologne (Iatlie). — Paolo Antoni. — Demartin Louis. — Déforge, de Pithiviers. — Dechane, de Cannes. — Pascal. — Albertin de Grenoble. — Duprat, Clément, Maurel, de Bordeaux. — Girin, de Lyon. — Mathey, de Paris. — Allier, de Valréas. — Augier, de Grasse. Dor, à Lafare près d'Aix. — Ardisson, de Saint-Chamond. — Buyer, de Saint-Pierre de Foursac. — Perrin (J)., de Sorgues. — Roche de Belves. — Rousseau, Rozier, Renault d'Orléans. — Armien, Paulin, de Léon Saint-André près Marseille. — Chausson (Louis-Victor), de Paris. — Nayrac. de Sarlat. — Penier, (J.-P.-F.) de Crest. — Moura et Thorin, de Fribourg (Suisse). — Pelletier. de la Forge. — Barron L. Brisse. de Fontenay-aux-Roses. — Magna, de Loriol. — Vicomte Raoul de Saint-Sèvre, de la Marche-sur-Saône (Côte-d'Or). — Simonot, de Beze.

SECTION XXXI

CLASSE 58e

Condiments et stimulants. — Sucres et produits de la confiserie. — Epices diverses, thés, cafés et boissons aromatiques, chocolats, sucres divers, produits divers de la confiserie. — Conserves de fruits, — Liqueurs.

COMPOSITION DU JURY

Président.

CAP. BESSON .... LYON.

Vice-Président.

PELPEL .... PARIS.

Secrétaire.

LETANG .... PARIS.

Membres.

MOUTTON .... PARIS.
FERRAND .... LYON.
COMBIER .... LYON.
DUFIER .... LYON.
TREMBLAY .... LYON.
PAYRAUD .... LYON.
ANDRÉ .... NIMES.

NOMS DES RÉCOMPENSÉS

HORS CONCOURS

Say, de Paris.

DIPLOMES D'HONNEUR

Jeanti et Prévost, de Paris. — Vignand-Focking, d'Amsterdam.

MÉDAILLES D'OR

Société anonyme de sucrerie de Châlon-sur-Saône. — Chappaz, de Marseille. — Suchard, de Neufchâtel. — Lesage et Peignard, de Paris.

Rappel. — Sapin et Cie, de Limoges.

MÉDAILLES D'ARGENT

Bertrand, d'Apt. — Casati, de Lyon. — Fillion, de Lyon. — Vouve, Jenoudet, et Malivernet. — Terasse, de Lyon. — Rochat, de Lyon. — Bartet et Besnier, de Lyon. — Perrin, de Gap. — L'hôpital, de Pétersbourg. — L. Rousselot, de la Martinique. — Blanqui, de Nice. — Veuve Rouget, de Moscou. — Desvigne, de Paris. — Noyaux, de Sa[illegible] Etienne. — Ervens Bols, d'Amsterdam. — Martini Sola, de Turin. — Arnaud, de Voiron. — Gasnière, de Lyon. — Douarillot, de Suisse.

Rappels de médailles. — Chardouneaux et Ducros, de Nimes. — Marchand, de Paris. — Trebucien frères, de Paris. — Huntley-Palmers, de Londres. — Olibert, de Bordeaux. — Félix Potin, de Paris. — Robin de Lisle, d'Espagnac. — Etienne, de Nantes. — Louvel, de Paris.

MÉDAILLES DE BRONZE

Escoffier, à Nice. — Deshusses, de Versoix (Suisse). — Morey, de Chalon-sur-Saône. — Gelot, de Lyon. — Gamb-Wirig, de Lyon. — Foudonay et Castello, de Barcelonne. — Blussaud, de Lyon. — Deleuze, de Moussac. — Bauer, à Brun (Autriche). — Pitet, à Pont-de-Veyle. — Giromani-Luxardo, à Zara (Dalmatie-Autriche). — Chermette, à Roanne. — Watrin, de Liége. — Dizerven, de Lauzanne. — Olivier frères, de Toulouse. — Hœlcher, de Genève. — Santier, de Genève. — Chapuis, de Lyon. — Picon, de Alger. — Orif, de Saint-Etienne. — Drouet, du Havre. Ballard, de Turin. — Brun, de Voiron. — Caucal, de Saint-Germain-du-Bois. — Melkior, à Bruxelles. — Mayer, de Thann. — — Hildebrand, de Bordeaux. — Serve père et fils, de Lyon. — Daymann-Druat, de Bruxelles. — Desjardin, de Paris. — Bouchard, de Lyon. — Baudet, de Lyon.

Rappel. — Bornibus, de Paris. — Hugon, de Paris. — Carenon Boniface, de Moussac. — Jacquemin, de Meursault.

MENTIONS HONORABLES

Menard, de Chalons. — Trinquet, de Lyon. — Baille et Terpubeau, de Cette. — Romain-Dulrue, de Voiron. — Sabatier, de

Menduel. — Fossin, de Liège. — Ulhrich, de Turin. — Viola Bixio, de Turin. — Faye, de Lyon. — Casenier, d'Ornans. — Baklu-ert, d'Anvers. — Berlioz, de Lyon. — Picard, de Villefranche. — Scouteter, de Lille. — Calmon, de Valence. — Isolabella, Jamini, de Milan. — Gentilli, de Trieste (Autriche). — Vitrono, de Nice. — Romano Velchor, de Sebenico (Autriche). — Grillat de la Frette. — Detang, de Beaune. — Gerbault, Ridon, de Saint-Aignan. — Rouvière, de Dijon. — Pacotte, de Pont-de-Vaux. — Delpêche, de Cahors. — Cernaud, de Gevery. — Laurent et Bigallet, de Lyon. — Ballivet, de Châtillon. — Pastre, d'Aubenas. — David, de Lyon. — Ninot, de Lyon. — Guillou, de Paris. — Bertrand, d'Apt. — Souvignet, de Lyon. — Stonpany, de Montélimar. — Leblanc, Winckle d'Altkirch. — Escofier, de Nice. — Teyssonneau, de Bordeaux. — Barbot, de Larochette. — Grotes, de Weestzaan (Hollande). — Artige, d'Aubenas. — Negre, d'Aix. — Benoist de Blois. — Plan-Placide, de Barras. — Viala (Arthur), de Vigon. — Bouvier, de Marseille. — Régnier, d'Avalon. — Berthier, de Toulouse. — Abouzet et Vincent, de Nîmes. — Pitollet, de Dampierre. — Berlioux, de Lyon.

SECTION XXXII

CLASSE 39e

Boissons fermentées. — Vins ordinaires et de luxe, cidre, bière, etc. — Eaux-de-vie, alcools, boissons spiritueuses.

COMPOSITION DU JURY

Président.

TERREL DES CHÊNES.... Lyon.

Secrétaire.

RÉVOL.................. Lyon.

Membres.

CHABOD............ .... Lyon.

Cap. BESSON............. Lyon.

NOMS DES RÉCOMPENSÉS

DIPLOMES D'HONNEUR

Jacquier de Vacheron, de Saint-Verand (Rhône). — Exposition d'ensemble de la côte châlonnaise. — La société d'agriculture de Vaucluse. — La société centrale d'agriculteurs de Chambéry. — La société de vinification de Transylvanie. — Exposition d'ensemble du Portugal. — Vincent Malègue, à Pézilla-la-Rivière. — Jules Révol, de Lyon. — Exposition d'ensemble de la famille Marey-Monge et comtesse Armand. — Exposition de MM. de Beuverand et de Poligny, à Lachassagne.

MÉDAILLES D'OR

Portier neveu, des Moulins-à-Vent. — Reyssié Rubat, de Mâcon. — Le vicomte de Loriol, de Pougelon. — Badet Roche, de Lantigné. — Fommier, de Limas (Rhône). — Durandet-Bourgeois, de Marchampt. — Henry Piot, du château Pouilly. — Vicomte de Lisle, du château du Molard. — Le baron Thénard. — Eugène Blondeau, de Poligny. — Chabot fils, de l'Hermitage. — Paret, d'Ampuis. — La commune d'Ampuis. — Le marquis de Vogué, de Musigny. — Maire fils, de Beaune. — Union des propriétaires de la Côte-d'Or. — Vins du château de Loudon. — Dussault, de St-Émilion. — Bidault, de Fontebonne. — Château Laffite. — Daynaud, de Château-Laforest. — Boden aîné, de Reims. — Lefebvre et Remondet, de Volnay. — Deschamps, de Prinziens. — Remilly, d'Hyennes. — Souliers, de Collioure. — Just Mestre, de St-Jean-la-Seille. — Kutzmann, de Château-Neuf-du-Pape. — Mme de Beauregard, de Lunel. — Brugalière, de Floressac. — La société vigneronne d'Issoudun. — Tourray et Gravain, de Maysselle (Puy-de-Dôme). — Girardin, de Cognac. — Larroque jeune, de Bordeaux. — Bourdis Tholozan, de Pontcharra. — Don José, d'Almeida (de Porto). — Valente, d'Allem (Porto). — Pasquale Scala, de Naples. — Riscale, de Madrid. — Giusepe Scala, de Naples. — La société d'agriculture de la Suisse Normande. — Le comte de Provins, d Ombrie (Italie). — V. Allen, de Porto. — Comte de Brucher, de Courthézon. — Henry Allard, de Chateauneuf-du-Pape. — Comte de Cassagne. — Jobertes. — Comte de Pontac. — Château Charbonneau (Rieunier et Cie). — Château Palmers (Comte de Pontac). — Château St-Julien (Rieunier et Cie) — Château Haut-Brion. — St-Pey-de-Lauzon (Comte de Pontac). — Haut-Sauterne. — Château Peyrenet.

MÉDAILLES D'ARGENT

Ferreira, de Porto. — Delafond-Richard, de Morgon. — Comtesse de la Rochette, de Julienas. — Baland, de Romanèche. — Dru, de Chénas. — J. Chignard, d'Odenas. — Rubat, de Chiroubles. — Jeannin, de Quincé. — Montchanin, de Reguié. — Charrin, de St-Étienne. — Illisible (no 44 du catalogue), de Quincié. — Creyton, de Limas. — Moniotti Dessolles, de St-Julien. — Pollet fils, de Davayé. — L'abbé Feytel, de Charentay. — Perrafia, de Morchampte. — De Georges de Villaret, de St-Jean. — Philibert, de Chaintré. — E. Protat, de Sommeré. — Patissier, de Vaux-Renard. — Gairal, de Serrezin. — Fellot, de Rivollet. — J. Chervin, de Bagnols. — Mme de Davayé, de Solutré. — Pierre Baland. — Gilet de Valbrense, d'Émeringe. — Rollet, de Leynes. — Béranger. — Bourisset. — De Valence, de Buxy. — Chevrier, de Rosey. — Dorville. — Guillemot, de Givry. — Vauthey, de Sanges. — Vanel, de Sanges. — Le château de Rully. — Antoine Poux, de Seyssel. — Charbonnel, de la Côte-St-André. — Veuve Dayet, de Poligny. — J. Servant de l'Hermitage. — Frécon, d'Ampuis. — Baille, de Poligny. — Faton, d'Arsures. — Rigolier, d'Ampuis. — Verilhac, de Cornas. — Fond Champinot, de Condrieu. — J.-P. Mazuyer, de St-Andéol. — Montoy, de Richebourg. — Jorrot, de Bonnemard. — Malivernet, de Volnay. — — Brame, de Cantenar. — Bérard, d'Hyères. — Château de Lasouquc. — Château de Destournelles. — Chance, de Lucien-le-Luc. — Tour de Rodet. — Château de Gruau Larose. — Marciano de Soria, de Madrid. — Sainte-Croix-du-Mont. — Domaine de la Roche. — Clos de Saint-Robert. — Moreau et de Neuville. — Deveaux, de Lons-le-Saunier. — Milan-Bara d'Avise. — Dufaut et Cie, de Château-Pierre. — Falcoz des Marches. — Degaillon, de Trouvières. — Silvos, de Chignin. — Dijoud, de la Rochette. — Tardy aîné, d'Apremont. — Larthoud, de Charpinot. — Turrel, de Montmélian. — Finet, d'Échaillon. — E. Janson, de Lunel. — Marquis de Ribiers, château neuf du Gardagne. — Martin Voricelli et Vanel, de la Solitude. — Marquis de Billioti, de Beauchêne. — Nepoty, de Saint-Laurent. Baron de Serres, clos Grand, de Buisard. — Vincent Bonnet, d'Oppède. — Leborgne fils, de l'Hermitage. — L. Barral, de Frontignan. — E. Jaujon, de Lunel. — Brugalières, maire, de Floressac. — Vin de Corne, d'Échaudé Tonnière. — Boudet-Saunier, de Peissein. — Vignacourt, de Renaison. — Chaverondier-Josserand, de Perreux. — Eugénie Penissat, de Chevalord. — E. Delovite, de Lintheric. — A. Donat, de Balaruc-les-Bains. — Vuiletet, de Néry. — Jose-Maria Rebello, de Porto. — Romano de Vlaho (Damatie). — Dugas, de Bordeaux. — Fessy, de St-Vincent-de-Boisset. — Tinland, de St-Fortunat. — Broche, de Bagnols. — Bressy, de Châteauneuf. — Vœlfin frères, d'Alsace. — Yvon et Gaborian, de Jarnac. — Faucault, de Cognac. — Winand et Fœkint, de Suisse. — Veuve Rouget, de Pétersbourg. — Jules Seillon. — Bilger, du Havre. — Rieunier et Cie, de Cognac. — Sosiété anonyme, de Jonzac. — Ollier, de Grenoble. — Gross, de Lons-le-Saulnier, — Sommaria, de Paris.

MÉDAILLES DE BRONZE

Boissons, de Thorins. — Devollué. — Godard. — Pasquier-Desvignes, de Brouilly. — Andras, de Julliénas. — Jenny, de Morgon. — Comtesse, de Milly. — Lenoir-Sornay, de Morgon. — Torrel-Gaudet, de Douloy. — Claude Deuls. — Durand, de Julliénas. — Pulliat, de Chiroubles. — Cheysson, de Chiroubles. — Métra-Chanrion, de Pierreux. — Godard aîné, de Lantignié. — Dyon, de Morgon. — Adrien Badet, de Beaujeu. — Bellicart, de Leynes. — Clairet, de Marcey. — De Lestrade, de St-Julien. — Pardon-Lardy, de Jullié. — De St-Trivier de Vaux Renard. — Dubief, de Prissé. — Pinet, de Vaux.— Gagnières, de Chaintré. — De Parseval, de Solutré. — Bernard, de Chasselas. — Vicomte de la Rochette, de St-Martin. — Cournault, de Givry. — Delaye frères.— Drain.— Mlle Chambre, de St-Martin. — Delaboulaye, de Bussy, — Griveau, de Russilly. — Necloux, de Poncey. — Barrault-Boissenet, de Mercury. — Mushelet, de Rully. — Ninot-Robin. — De Longeville, de Givry.—Perrault, de Thezut. — Blanchard, vigneron. — Senart, de Corton. — Laviolette, de Beaune. — Michecoppin, vin blanc (Yonne). — Duchesne-Thoureau, de Riceys. — Vincendon-Dumoulin, de Château-Chevrier. — Gagnières. — Blanc, de Montromand. — Viollet, de Thuir. — De Fonteuille, de Cahors. — — Isidore Jaune, du clos Sainte-Hélène. — Caire Vauglenne, d'Arlooz. — Briod, de Mille. — Peyrieu, de Château-Marinay. — Bidon, de Seyssel. — Brun, de St-Germain. — Michel, de Césériat. — Vuilletet, frères. — Pacoutet, de Salins. — Paul Le Blanc, de Brioude. — Marquis de Miramond, de Paulhiac. — Mesmer-Delarbre, de Tournon (Ardèche). — De Bouschet, de la Calinette. — Louis, de Ribeauvillers. — Daurel, de Marosseau. — Grasset, de Cazour-les-Béziers. — Thoreau, de Saint-Hilaire. — Vicomte de Villa Ponça (Portugal). — Servarès, d'Alexandrie. — Boinette, d'Ormiso — Poitevin, d'Élypse. — Poullain Rampon, de Vaucoupin. — Folliot, de Chablis. — Hirsch-Boissard, de Zug (Suisse). — Durand, d'Anse. — Prosper Faure, d'Avignon. — Vincent, de Boissot. — Cirbiot, de Laboussardie. — Mazuyer, de Saint-Andéol. — Letourcux, de Lour-Cheverny. Breton-Laugier, d'Orléans. — Ficher, et Leppert. — Bilger, du Havre. — Pignon et Curlier. — Hentey et Son (Angleterre). — Doloncle, de Met-Haute (Lot).

MENTIONS HONORABLES

Spay-Lachapelle, de Guinchay. — Crotte, de Tarqueline. — Berthaud, de Thorins. — Bourgeon, de Chénas. — Malgoutier, de Thorins. — Colomb, de Chiroubles. — Comte de Montaigu de Lachaise. — Delafond, de Bellevue. — Jules Bussy, de Châlons. — Mme Benoist, de Mercurey. — Mauguin, de Rully. — Marlin, de Givry. — Muratier-Serdon, de Mercurey. — Coste-Caumartin, de Russily. — Dervaux, de St-Dézert. — Csse Duranti, de Mercurey. — Meulien, de Poncey. — Galletti, de Monthelie. — Marquis de Quinsonnas. — Michoul, de St-Joseph. — Henry Cote, d'Irigny. — Rollieu, de Montpellier. — Baron d'Alexandry. — Deperse, de Saint-Rodolphe. — Prince de Béarn, de Laroche-Beaucourt. — Vincent Marion, de Reguy. — Goutarel, de St-Michel. — Pelloux, au Château-de-Brétail. — Tinthoir des Côtes, de Cargnole. — Portier, de Givry. — Demazières, de St-Désert. — Gros, de Poncey. — Perrault père et fils, de Rully. — Baron Girod de Ruffleux.

GROUPE VII
Agriculture et Horticulture

SECTION XXXIII

CLASSE 61e
Serres et matériel général de l'horticulture. Matériel et objets servant à l'ornementation des parcs et des jardins.

COMPOSITION DU JURY

Président.

VILLERMOZ .... Lyon.

Secrétaire.

FAVRET .... Lyon.

Membres.

ESTIENNE .... Lyon.
DENIS .... Lyon.
CUZ N .... Lyon.
TRANCHAND .... Lyon.

NOMS DES RÉCOMPENSÉS

MÉDAILLES D'OR

Rolland, de Lyon. — Pinay, de Lyon. — Mathiau, de Lyon.

Rappel. — Desmouilles, de Toulouse.

MÉDAILLES D'ARGENT

Lorcet, d'Issoudun. — Hugues and sons de Londres. — André et Fleury, de Paris. — Monnier. — Grivet, de Paris. — Mulatier-Silvent, de Lyon.

Coopérative. Castagne (Ferdinand).

MÉDAILLES DE BRONZE

Ferrand, de Lyon. — Tronchon, de Paris. — Drevet, de Lyon. — Mercier, de Châlons. — Guérin-Gros père, de Lyon. — Salard, de Lyon. — Ducellier.

Coopérative, Lecomte.

MENTIONS HONORABLES

Fenoglio, de Paris. — Mouquet, de Lille. — Guérin, de Lyon. — Michel, de Colmar. — Denerolle de Saint-Étienne. — Reynier — Thiers, de la Vacquerie. — Vitry, de Nanteuil-le-Haudois. — Bard, de Thiers. — Zani.

SECTION XXXIV

CLASSE 62e
Fleurs et plantes d'ornements, plantes potagères, fruits et arbres fruitiers. Graines et plantes d'essences forestières. Plantes de serre.

COMPOSITION DU JURY

1re QUINZAINE.

VUILLERMOZ, *Président.* Ecully.
MOREL, *Secrétaire* ...... Vaise.
CUISSARD .... Ecully.
GAULAIN .... Lyon.

·e QUINZAINE.

VILLERMOZ, *Président.*
CHRÉTIEN, *Secrétaire.*
GAULIN.
TRÈVE Père.
HOSTE.
GUILLOT Fils.

3e QUINZAINE.

LUIZET, *Président.*
BARRIOT, *Secrétaire.*
CUISSARD.

LACHARME.
RIVOIRE.
ROCHET.

4e QUINZAINE.

VUILLERMOZ, *Président.*
RIVOIRE, *Secrétaire.*
BARRIOT.
ALEGATIÈRE.
BOURGET.
FARFOUILLON.
FILLION.
LUIZET.
JOANON.
LIABAUD.

5e QUINZAINE.

Dr TERVER, *Président.*
LAGRANGE, *Secrétaire.*
BELLISSE.
BIZET.
BOUCHARLAT Jeune.

6e QUINZAINE.

TREYVE, *Président.*
HOSTE, *Secrétaire.*
GUILLOT.
MOIROUD.
PERRIER.
MAS.

7e QUINZAINE.

WILLERMOZ, *Président.*
DUSSERT Fils, *Secrétaire.*
DEVERS.
GUILLOT Fils.
GUILLOT L.
PAGNEUX.

8e QUINZAINE.

BIZET, *Président.*
HOSTE, *Secrétaire.*
BARRIOT.
DURAND Pierre.
BRUN.
JOANON.
THIBAUT.

9e QUINZAINE.

DE MORTELLET, *Président.*
HORTOLES, *Secrétaire.*
BELLISSE.
GEMERAY.
FRISON.
NOLOTTE.
OCQUIDANT.
PERRIER.
RIVOIRE.

10e QUINZAINE.

SIMON Henry, *Président.*
BOUCHARLAT Aîné, *Secrétaire.*
BIZET.
BOUCHARLAT Jeune.
DUSSERT Père.

NOMS DES RÉCOMPENSÉS

DIPLOMES D'HONNEUR

Fillion, de Lyon. — Morel, de Lyon. — Liabaud, de Lyon. — Boucharlat, de Lyon. — Antoine Besson, de Marseille.

MÉDAILLES D'OR

Cuissard et Barret, de Lyon. — Dallière, de Gand (Belgique). — Simon Genry, d'Ecully.— Rivoire, de Lyon.— Hoste de Lyon. — Jonteur, de Fontaines. — Desmouilles, de Toulouse. — Jouannon, de Saint-Cyr. — Allegatière, de Monplaisir. — Debelfort, de Lyon, — Berthier Bendatter, de Nancy. — Bouchard, de Lyon. — Martin, de Vindassy. — Talliot et Chapuis, de Lyon. — Schwartz, de Monplaisir.— Demortière, de Lyon. — Bourget, de Lyon. — Luiset, d'Ecully.

MÉDAILLES D'ARGENT

Charvet, de Lyon. — Witzig, de Lyon. — Guinat, de Lyon. — Martinot, de Trévoux. — Schmitt, de Lyon. — Dauphin, de Lyon. — Faudon, de St-Didier. — Corbin, de Lachassagne. — Lhuillier, de Nancy. — Deschamps, de Lyon. — Jacquier, de Montplaisir. — Cardonna, de Lyon. — Chinarde, de Lyon.

MÉDAILLES DE BRONZE

Lassonnerie, de Lyon. — Orphelinat St-Joseph, de Lyon. — Blanchon, de Lyon. — Gonichon, de Lyon. — Bruny, de Lyon. —

Bécus, de Lyon. — Durand, de Monplaisir — Pontet, de Monplaisir. — Ducher, de Monplaisir. — Levet, de Monplaisir. — Joly, de Monplaisir. — Lacharme, de Lyon. — Dantin, de Lyon. — Bouceune, de Fontenay. — Blanchet, de Vienne. — Lespinasse, d'Écully. — Bailloud, de Lyon. — Guérin-Gros, de Lyon. — Teillard, de St-Didier. — Rolland, de Lyon. — Baillet, de Joigny. — Pécaud, de Lyon. — Presson et Gurbin, de Dessines (Isère). — Arienti, d'Écully. — Bécus, d'Écully. — Denis frères, de Lyon. — Rozier, de Loire. — Pommier, de Limas. — Griffon, de Tournay (Belgique). — Bailloud, de Lyon.

MENTIONS HONORABLES

Germain, de Lyon. — Rimancourt, de Langres. — Ravet de Lyon.

GROUPE VIII

Matériel et application des Arts libéraux

SECTION XXXV

CLASSE 63e

Produits de l'imprimerie et de la librairie. — Dessins lithographiés ou gravures industrielles. — Peinture de décors, etc. — Objets sculptés. — Objets divers décorés par la gravure. — Objets de plastique industrielle obtenus par les procédés mécaniques. — Objets moulés. — Objets de papeterie. — Reliure. — Matière des arts, de la peinture, du dessin. — Papier pour cartonnage et reliure.

CLASSE 64e

Application du dessin et de la plastique aux arts usuels.

COMPOSITION DU JURY

Président.

KLEBER (Alphonse). Rives (Isère)

Secrétaire.

GUYOT............ Bruxelles.

Membres.

L. de MONTGOLFIER .. Annonay.
POURE.......... Boulogne-s.-M.
BONNET.................. Lyon.
STORCK.................. Lyon.
PERRIN.................. Lyon.
MINA.................. Lyon.

NOMS DES RÉCOMPENSÉS

MÉDAILLES D'OR

Latune et Cie, de Crest. — Jeannot d'Annonay.

Rappel. — Fabert, de Paris.

MÉDAILLES D'ARGENT

Aussedat, de Cran (Hte-Savoie). — Orioli Escoffier, de Pontcharra (Isère). — Peyron frères, de Vizille (Isère). — Filliat frères, de Rives. — Rose, de Paris. — Colladon, de Genève. — Schœnhaupt. — Blot (Eugène), de Boulogne-sur-Mer. — Royer, de Paris. — Jundt, de Strasbourg. — Veuve Ducroquet, de Paris. — Richard Drivet, de Lyon, — Chevallier et Cie, de Paris. — Jouaust de Paris. — Pitrat, de Lyon. — Serrière, de Paris. — Jules Delalain. de Paris. — Veuve Belin, de Paris. — Vingtrinier, de Lyon. — Chenevier et Chavel, de Valence. — Savigny, de Vienne. — Jules Boyer, de Paris. — Georges Kowney, de Londres. — Adam et Tressling, d'Amsterdam. — Appel, de Paris. — Nisson, de Paris. — Gasté, de Paris. — Berthauds, de Paris. — Aubry, de Paris. — Duchèze et Cie, de Paris, — Lecoffre et Cie, de Paris. — Justaud, de Bellevigne.

Rappel. — Callot, de Paris.

MÉDAILLES DE BRONZE

Capitaine, de Fures-Tullins (Isère). — Courier Adolphe, de Fures-Tullins — Guély, de Fures-Tullins. — Piques, de St-Seine (Côte-d'Or). — Jarrand frères, fabricants, de Lyon. — Morel, de Lyon. — Landa, de Chalon-sur-Saône. — Brognard, de Paris. — Max Cremnitz, de Paris. — Hamelin, de Paris. — Berg, de Marseille. — Nachmann, de Paris — Giordana et Salusalia, de Turin. — Bouasse-Lebel, de Paris. — Bonamy, de Poitiers. — Delagrave et Cie, de Paris. — Lyons de Lyon. — Yves Barret, graveur chimique en relief. — Maucoy fils et Cie, de Fures-Tullins. — Patritti. — Dupont, de Lyon. — Donnaud, de Paris. — Mongin-Rusand, de Lyon. — Timon, de Vienne. — Allan, de Bruxelles. — Mouchon, de Paris. — Bonnedame, d'Epernay. — Josserand, de Lyon.

MENTIONS HONORABLES

Nublat, de Saint-Étienne. — Villard, de Marseille. — Bourdin, de Lyon. — Grinsard. Longini, de Strasbourg. — Chanouny, de Montpellier. — Le Brochères, de Paris.

SECTION XXXVI

CLASSE 65e
Epreuves et appareils de photographie.

COMPOSITION DU JURY

Président.		*Membres.*	
GUILLEMINOT	PARIS.	GEYMET	PARIS.
Secrétaire.		RANDON	PARIS.
E. FONTÈS	PARIS.	ESCUDIÉ	LYON.

NOMS DES RÉCOMPENSÉS

DIPLOME D'HONNEUR

Luckardt, de Vienne (Autriche). — Mieczkowski, de Varsovie.

MÉDAILLES D'OR

Lumière, de Lyon. — Victoire, de Lyon.
Rappel de médaille d'or. — Adam Salomon, de Paris.

MÉDAILLES D'ARGENT

Charnaux, de Genève. — Gantz, de Zurich. — Taeschler-Sigher, de Saint-Gall. — Boissonas, de Genève. — Champiot, de Lyon. — Joguet, de Lyon. — Gérard, de Lyon. — Terrisse, de Lyon.
Rappels. — Bernond, de Lyon. — Léon et Lévy, de Paris. — Mathieu Déroche, de Paris. — Muzet, de Lyon. — Reutlinger, de Paris.

MÉDAILLES DE BRONZE

David, de Courbevoie. — Terpereau, de Bordeaux. — Valentin et Meyer, d'Avignon. — Redon Léon, de Lyon. — Fafournoux, de Lyon. — Veuve Gaillard, de Lyon. — Patard, de Lyon.

MENTIONS HONORABLES

Lachenal et Favre, de Paris. — Devos, de Marseille. — Temporel, de Genève. — Gut, de Zurich. — Monget, de Lyon. — Perret, de Besançon. — Luttringer, de Paris.

SECTION XXXVII

CLASSE 66e
Instruments de musique et accessoires.

COMPOSITION DU JURY

Président.

DEBAIN.................. PARIS.

Secrétaire.

GROS Aimé.............. LYON.

Membres.

LEYBACH............ TOULOUSE.

DUMAS Fils........... NIMES.

MANGIN.............. LYON.

RENAULT............ LYON.

LEROY .... LYON.

NOMS DES RÉCOMPENSÉS

HORS CONCOURS

Pleyel. Wolff et Cie, de Paris. — Henry Herz, de Paris. — Mangeot et Cie, de Nancy.

DIPLOME D'HONNEUR

Kriegelstein, de Paris. — Goumas, de Paris.

MÉDAILLES D'OR

Bord, de Paris. — Elcké, de Paris. — Beauvais, de Paris, — Martin, de Toulouse. — Gouty-Richard, de Paris. — Beaucourt, de Lyon. — Gautrot, de Paris. — Jacquot, de Nancy.

Rappel. — Schmidt, et Heugton, de Washington (Angleterre).

MÉDAILLES D'ARGENT

Instruments de musique. — Focké, de Paris. — Baruth, de Lyon. — Bellet, de Paris. — Deschaux, de Lyon. — Gruner, de Lyon. — Philippi, de Paris. — Lecomte, de Paris. — Cousin, de Lyon. — Silvestre, de Lyon. — Fortain et Cie, de Paris.

MÉDAILLES DE BRONZE

Marcky, de Lyon. — Mertens, de Paris. — Quantin, de Bourges (Cher). — N. Erard, de Paris. — Molleron, de Lyon. — George, de Toulon. — Rey, de Lyon. — Ritter-Bietermann, en Suisse.

MENTIONS HONORABLES

Wiard, de Saint-Etienne. — Pape fils, de Paris. — Pourtier, de Paris.

SECTION XXXVIII

CLASSE 67e

Appareils et instruments de l'art médicinal. — Appareils et instruments divers à l'usage du médecin et du chirurgien.—Appareils spéciaux, matériel des recherches anatomiques dans la médecine vétérinaire. — Appareils balnéatoires, hydrothérapiques, de gymnastique, hygiène.

CLASSE 68e

Instruments de précision et matériel de l'enseignement des sciences. —Instruments de géométrie, d'arpentage, de topographie, de géodésie, d'astronomie, des arts de précision.—Mesures et monnaies, balances. — Instruments de physique, de météorologie, d'optique. — Instruments divers servant à l'enseignement des sciences, cartes et appareils de géographie et de cosmographie. — Publications périodiques et journaux d'éducation.

COMPOSITION DU JURY

Président.

Dr GLENARD............. LYON.

Secrétaire.

LORENTI................ LYON.

Membres.

Dr KASTUS............... LYON.

Dr BRON................ LYON.

Dr BOURLAND........... LYON.

NOMS DES RÉCOMPENSÉS

DIPLOME D'HONNEUR

La société française de secours aux blessés militaires, de Paris.

MÉDAILLES D'OR

Gaiffe et Darlot, de Paris. — Gramme, de Paris. — Lépine, de Lyon.

Rappel. — Georges (Charles), de Paris.

MÉDAILLES D'ARGENT

Paz, de Paris. — Benas. — Benevolo. — Delanne. — Gettlife. — Guimard, de Lyon. — Léon et Guichard. — Mulatier-Silvent. — Pugens. — Redon. — Rivoire. — Silvant. — Tètaz, de Paris. — Werber, de Paris. — Lelièvre, de Paris. — Tollet, Martin Leblanc et Cie, de Paris.

Rappels de médailles d'argent. — Sadon, de Roubaix. — Wickam.

MÉDAILLES DE BRONZE

Bailly, de Lyon. — Borguerand, de Lyon. — Chavanon, de Lyon. — Delestre, de Lyon. — Demouret, de Lyon. — Hoël, de Lyon. — Rou, de Lyon. — Theynard, de Lyon. — Vergne-Chose, de Paris. — Blathe. — Duchêne, de Lyon.

MENTIONS HONORABLES

Chatelet. — Colin. — Delpech. — Goffinon et Barbas. — Jeansault. — Roudil. — Daura.

SECTION XXXIX

CLASSE 89e

Appareils, instruments, modèles, conçus en vue de faciliter l'enseignement primaire. Modèles de dessins, méthode de chant, travaux d'élèves. — Bibliothèque et matériel de l'enseignement donné aux adultes dans les écoles communales, dans les cours spéciaux, dans la famille et dans l'atelier. — Collections, publications, documents, pièces de toutes natures destinées à provoquer, éclairer et encourager le développement des sociétés coopératives.

COMPOSITION DU JURY

Président.

AUBIN .... LYON.

Secrétaire.

HOSTACHE .... LYON.

Membres.

LEMONON .... LYON.

PONCIN .... LYON.

NOMS DES RÉCOMPENSÉS

HORS CONCOURS

Ecole professionnelle de Mulhouse. — Ecole normale spéciale, de Cluny. — Ecole centrale lyonnaise. — Ecole nationale des beaux-Arts, de Lyon. — Ecole de la Martinière. — Société d'enseignement professionnel du Rhône. — Cours municipaux de dessin pour les adultes.

DIPLOME D'HONNEUR

Cotillon, de Romanèche. — Dusseigneur-Kléber, de Lyon. — Engel-Dolfus, de Mulhouse. — Mlle Frachon, de Lyon. — Mlle Alliot, de Lyon. — La société des maîtres ouvriers de Saint-Etienne.

MÉDAILLES D'OR

Mlle Reine Baud, de Lyon. — Le frère Bruno, de Belley. — Clerget, de Dijon. — Clos, de Lons-le-Saunier. — Ecole normale primaire de Villefranche (Rhône). — Le capitaine Feloz, de Lyon. — Comité du cercle mulhousien. — Léon Lebon, de Bruxelles.

MÉDAILLES D'ARGENT

Anselmier. — Beaumarchey. — Delpois et Buchon. — Berthaux. — Bouasse-Lebel. — Bouvier. — Chanel. — Conveutz. — Danel — Delagrave. — Deyrolle. — Ecole professionnelle de dessin et de modelage de Paris. — Ferrand. — Fleury. — Fournier. — Godchaux, de Paris. — Gauthier. — Guelpa, de Belley. — Guimard. — Lenoir. — Palud. — Pugens. — James et Revon. — Stratton. — Valin. — Thibaudier et Boin de Lyon. — Senocq, de Lyon. — Duployé — La société des charpentiers de Tours.

MÉDAILLES DE BRONZE

Bapteroses, de Briare. — Berdin, de Lucy-le-Bocage. — Bertrand, de Roanne. — Bérerd, de Lyon. — Chapelle, de Saint-Etienne. — Chomel, de Lille. — Ménétrier et Rhomer, de Lyon. — Chairgrasse, de Bruxelles. — Darru, d'Alger. — Desbois, de Lyon et de Tarare. — Fontaine-Buquet, de Paris. — Giraud, de Grenoble. — Guillon, de Romanèche. — Hermitte, de Saint-Ismier. — Longchampt, directeur des études de l'institution polytechnique. — Orly, d'Alais. — Lecois-Pellier, de Brest. — Lefranc, de Belgique. — Céline, Léon-Ville, de Lyon. — Luppi, de Lyon. — Maury, de Montardy. — Monnier, de la Pyramide. — Orbany, de Villefranche. — Remondet-Aubin, d'Aix. — Rigolade, de Cognac. — Sirand, de Grenoble. — Société protectrice des apprentis et des enfants de manufactures. — Société Franklin, de Paris. — Société protectrice des animaux. — Mlle Zolla Anne. — Malaise. — Conesland. — Chrétien, de Paris.

MENTIONS HONORABLES

Bilbaut, d'Amiens. — Buisset, de Montredon. — Bourges, de Vinça. — Charvin, de Paris et de Lyon. — Cozona, de Lentilly. — Damidot, de Talmay. — Demon, d'Orléans. — Delestre, de Lyon. — Depernex et Bouvet frères, de la Sainte-Famille, de Belley (Ain). — Dufaure, de Saint-Boës. — Dupuy, de Pernes. — Faure de Sartiges, d'Andance. — Flammand, de Douai. — Giévin, de Paris. — Girard, de Nancy. — Girard, de Firminy. — Alain Gouzien, de Brest. — Hachette, de Paris. — Jaumet, de Saint-Genis-Laval. — Javel, de Beaucaire. — Alphonse de Longuemar, de Poitiers. — Lory, de Paris. — Claudius Malterre, de Lyon. — Melliot, de Paris. — Menin, de Paris. — Mir. — Mittet, de Barraux. — Mlle Perrand. — Poncet-Denoailly, de Paris. — Colonel Staff. — David Sutter.

MENTION EXCEPTIONNELLE

Laboratoire municipal créé par M. Merget.

GROUPE IX
Beaux-Arts

SECTION XL

CLASSE 70e
Peintures à l'huile sur toile, sur panneaux, sur enduits divers. Peintures diverses et dessins.

CLASSE 71e
Sculptures et gravures sur médailles.

CLASSE 72e
Dessins et modèles d'architecture.

CLASSE 73e
Gravures et lithographie.

COMPOSITION DU JURY

Président.
MARTIN-D'AUSSIGNY..... Lyon.
Secrétaire.
DUBOUCHET............. Lyon.
Membres.
BRESSON.
CHAINE.
BONNET.
LAURIER.
REIGNIER.
SUBLET.

NOMS DES RÉCOMPENSÉS

HORS CONCOURS

Banias, Félix. — Beaume, Joseph. — Bertrand, James. — Biard, François. — Chintreuil, Antoine. — Couder, Alexandre. — Doré, Gustave. — Etex, Antoine. — Froment, Eugène. — Guichard, Joseph. — Zillemacher, Eugène. — Kierboé, Charles-Frédéric. — Matet, François. — De Pommayrac, Paul. — Poncet, Jean-Baptiste. — Raffort, Etienne. — Tassaert, Octave. — Tissier, Ange. — De Tournemine, Charles. — Lorin. — Bonnet, Guillaume. — Corpeaux, Jean-Baptiste. — Franceschi, Jules. — Hiolle, Ernest-Eugène. — Oliva, Alexandre. — Bertinet, Gustave. — Bail, Maurice. — Danguin, Jean-Baptiste. — Revoil, Henry. — Trilhe, Ernest.

MÉDAILLES D'OR

Peinture. — Appian. — Bernard. — Dubouchet. — Maillard. — Mont-Chablond. — Petit, Eugène.

Sculpture. — Barrias. — Delhomme.

Architecture. — De Perto. — Auché. — Coquet.

MÉDAILLES DE VERMEIL

Peinture. — Castiglion, Joseph. — Fayen-Perrin. — Gayraud. — Le comte Dunouy. — Labrichon. — Ponson. — Ponthus-Cinier. — Cimier. — Ribot.

Gravure. — Brunet.

Sculture. — Thabard.

MÉDAILLES D'ARGENT

Peinture. — Anguin. — Bails. — Beyle. — Doze. — Girardon. — Hermann, Léon. — Lemann. — Perrachon. — Rivoire. — Romains. — Sicard.

Gravure. — Niciol. — Morse. — Pessin. — Weyrassat.

Sculpture. — Becquet. — Doublemard. — Irvoy. — Lambert. — Virieut.

Architecture. — Farge, de Saintien. — Lataud. — Bissuel. — Carra. — Germer. — Durand.

Peintures en émail sur porcelaine. — Lafond. — Yvetot.

MÉDAILLES DE BRONZE

Peintures. — Allemand, Hector-Gustave. — Bocion. — Berger. — Me Bernaerts. — Bakalowitz. — Bellangé. — Bianchi. — Bauvesie de Boucherville. — Castex. — Desgranges. — Me Chaine. — Olivier. — Mlle Condamine. — Mme Casmann. — Karcher. — Chevrier. — Camine. — Cellier. — Coquerel. — Couinet. — Cogen. — Delobbe. — Detranger. — Dallemagne, Léon. — Dallemagne, Adolphe. — Domer. — Dollaret. — Girier. — Guérard. — Houry. — Gaudefroy. — Ofavergeon. — Froment. — Joliet. — Junot. — Julien. — Kœclin. — Schwartz. — Krug. — Lecomte Charpin. — Laborne. — Lortet. — Legras. — Mallet. — Me de Maussion. — Maignan. — Mauginot. — Mouser. — Mazure. — Michaud. — Niederhaussen. — Nanteuil. — Oudinot. — Pécrus. — Robin. — Salle. — Sicard, Appolinaire. — Me Salles-Vagner. — Seignemartin. — Me Sterrer. — Sibuet. — Thielley. — Terrier. — Urgelle. — Villa. — Zimmermann.

Sculture. — Bernaerte. — Fabisch, Philippe. — Martin. — Sceta. — Textor.

Architecture. — Baraban. — Hénard. — Bailly. — Bellemain. — Coussar. — Girard. — Poix.

Calligraphie. — Fleury.

MENTIONS HONORABLES

Peinture. — Arbeit. — Archenolt. — Barriot. — Bavoux. — Benner, Emmanuel. — Besson. — Bieton. — Boulogne. — Brymer. — Mlle Caille. — Caron. — Cathelineau. — Chauvier de Léon. — Charrier. — Chauvigné, Auguste. — Chevallier. — Cornillon. — Cousin. — Dadoize. — Defaux. — Desavary. — Dellière. — Desbrosses. — Mlle Dieunet. — Dubourg. — Estignaud. — Ferragu. — Garnier. — Gonzalès. — Guillon. — Auteroche. — Hébert. — Isembert. — Jame. — La Chapelle. — Legrand, Alex. — Mlle Lelarge. — Levigne. — Lif. — Loire. — Loutrel. — Mlle Malbet, Delphine. — Mariller. — Mathis. — Mlle Meigret, Félicie. — Mayer. — Pothémont. — Me de Olandon. — Mlle Olivier. — Perreh. — Me Pourra. — Raillon. — Mlle Rey Rosier. — Mlle Siffert. — Bost. — Schmitt. — Mlle Pusin, Camille. — Van der Broeck-Ulm. — Verron. — Willemich. — Volf. — Zuber.

Gravure. — Bénard. — Laloze. — Salmon. — Mlle Berthe.

ALGÉRIE ET COLONIES

COMPOSITION DU JURY

Président.

TESTON, chef de bureau au ministère de l'Intérieur, PARIS.

Secrétaire-Rapporteur.

MICHEL PERRET, fabricant de produits chimiques.

Membres.

GIRARD, Directeur de la Manufacture des Tabacs, à Lyon.

LOIR, Professeur de chimie à la Faculté de Lyon.

MULATON, Membre de la Chambre de Commerce, à Lyon.

TOUAILLON, Ingénieur.

GILLET, Teinturier à Lyon.

REHRIG, Professeur à l'Ecole de Commerce, Lyon.

DE LA ROCHETTE, Membre de la Chambre de Commerce de Lyon.

AUBRY LECOMTE, Commissaire de Marine.

NOMS DES RÉCOMPENSÉS

DIPLOMES D'HONNEUR

ALGÉRIE

Pascali, gérant de l'exploitation Herzog, d'Oran. — Pierre Lavie, de Constantine. — Chiris, de Rhylen, près Bouffarick. — Bosson frères, d'Oran. — A. Rivière, directeur du jardin d'acclimation d'Alger.

COLONIES

Belanger, de Saint-Pierre (Martinique). — Comité agricole et industriel de Saïgon (Cochinchine). — Droquant, de Dunkerque. — La direction du pénitencier de la Guyanne. — Comité local de Pondichéry. — Masson. — Devezeaux, de la Gouadeloupe.

MÉDAILLES D'OR

ALGÉRIE

Cordier, d'El Alia. — Masquelier, de St-Denis du Sig. — Du Pré de St-Maure.

COLONIES

Francfort et Samuel, de Saïgon.

Rappel. — Bougenol, de la Martinique. — Lesade, de la Grande Anse.

MÉDAILLES DE VERMEIL

ALGÉRIE

Averseng, de Chéragas. — Costérisan, de Sidi Ali. — Ve Merlin, de St-Denis-du-Sig. — Mielli, de Philippeville. — Orphelinat, de Misserghin. — Castagliona, de Médéah. — Rivière, de Crécia. — Jean St-Ferme St-Marie, d'Oran. — Firmin Dufoure, de Soumah. — Hédiard, d'Alger.

COLONIES

Ch. Poulain, de Pondichéry. — Pierre, de Saïgon. — Brière de Presles, de la Martinique. — Duchassaing, de la Martinique. — Etablissement de Savannah. — Usine de Bienhoa, de Cochinchine. — Massieux, de St-Germain. — Cheneau, de Macouba. — Dariste.

MÉDAILLES D'ARGENT

Gabert, de Philippeville. — Girand, d'Oran. — Mathieu, d'Alger. — Sauve, de Relizanne. — L'adjoint au maire, du pont de Chétif. — Goby, de Barbozat. — Dufour, d'Antoia. — Bartholémy, d'Oran. — Safranc, de Clémence. — Bruyas, de Constantine. — Chambre de commerce de Constantine. — Malglaive, de Marengo. — Barnouin, de Constantine. — Chambre de commerce de Philippeville. — Le D. Beyrou, d'Oran. — Julia Louis, de Missergini. — Senson, de Constantine. — Dautrin, d'Oran. — Sotan, d'Alger. — Chautareille, de Médiac. — Berr, d'Oran. — Picon, de Philippeville. — Courvoisier, d'Alger. — Abadie de Philippeville. — Dubois, de Dalmatie. — Le bas a Sidi, de Mabrouck. — Mercurin, de Chéragas. — Girard de Leyre, de Constantine. — Sériac, de Djilfa.

— Borounol, de Biskra. — Bosson, d'Alger et de Paris. — Geise, d'Alger. — Schmala, du 2e spahis, de Ouizet.

COLONIES

M. Pagel — Amiol, de Tahies. — Clément, de Glaffeu. — Importeur des gommes du Sénégal. — Jules Tardivel. — Richy, de St-Pierre. — Rousselot. — Le comte de Chattelez. — Menniol, de Duchazain. — Netz héritier. — Deschamps, de Dubois. — Adam, de Paquette. — Thai Wau Thoug, de Cochinchine. — Leroux, de Préville. — Putteaux, de la Martinique. — Tessorain, d'Habitation. — Prunser. — Letendu, de Matouba. — Chateauvieux, de Réunion. — Mezeun. — Devin, de la Martinique. — Fouché, de Virgile. — Litrée de St-Marie. — Hackert, d'Habitation.

SECTION SPÉCIALE

DIPLOME D'HONNEUR

Section spéciale (collaboration). — E. Rolland, de Lyon. — Grenier, ingénieur, de Lyon. — Vassivière, entrepreneur, de Lyon.

CHARRUES VIGNERONNES.

Diplôme d'honneur. — Fleury-Targe, secrétaire de la société régionale de viticulture de Lyon, de Charly.

Médailles d'or. — Messager, d'Auxerre (Yonne). — Pellet, à Curgy (Yonne).

Médaille de vermeille. — Moreau-Chaumier, à Tours (Indre-et-Loire).

Médailles d'argent. — Moncel, de Charbonnières (Rhône). — Chaperon, de Communay (Isère).

Médailles de bronze. — Simon, de Lavigny-les-Beaune (Côte-d'Or). — Plissonnier, de Loisy-sur-Tournus (Saône-et-Loire). — Renault-Goin, de Sainte-Maure (Indre-et-Loire). Collinon, bourrelier de Chablis (Yonne).

CULTURES VITICOLES.

Prix d'honneur. — Peyrieux, propriétaire, de Saint-Jean de-Bournay (Isère).

Médailles d'or. — de Valbreuze, propriétaire à Saint-Triviers-sur-Moignans (Ain). — Le vicomte de Loriol, propriétaire à St-Étienne-les-Ouillières. — Dufour, propriétaire-vigneron à Davayé (Saône-et-Loire).

Médailles de vermeil. — De la Chapelle, propriétaire à la Valbonne (Ain). — Le vicomte de Loriol, propriétaire à Saint-Étienne-les-Ouilles. — Michel Perret, propriétaire à Tullins (Isère). — Fleury Vaganay, vigneron à Saint-Andéol-le-Château (Rhône). — Du Villard, propriétaire à Chaiou (Saône-et-Loire).

Médailles d'argent. — Menubarbe, vigneron à Virieu-le-Grand (Ain). — De Chichiliane, propriétaire à Montavie (Isère). — Berrerd, vigneron à Vaux. — Jules Petit, propriétaire à Saint-Nizier (Loire). — Clerguer, propriétaire à Servières Saône-et-Loire. — Badet-Levert, vigneron à Saint-Désert (Saône-et-Loire).

Médailles de bronze. — Pelliod, propriétaires à Neuville-sur-Ain (Ain). — Lépine, propriétaire à Passins (Isère). Louis, propriétaire à Trept (Isère) — Rojon, propriétaire à Saint-Chef (Isère). — Clivalier, propriétaire à Saint-Irénée-lès-Lyon. — Guyot-Guillemot, propriétaire à Massilly (Saône-et-Loire). — Alfred Mathey, propriétaire à Mougny (Saône-et-Loire). — Clavelot, vigneron à Chagny (Saône-et-Loire). — Descombes, instituteur à Salornay-sur-Guie (Saône-et-Loire).

SÉRICICULTURE.

Prix d'honneur. — Dasseigneur, de Lyon.

Médailles d'or. — M. le docteur Luppi à Lyon. — Le comice agricole de Saïgon (Cochinchine). — S. A. Ismaïl-Pacha, vice-roi d'Égypte. — De Bernardi, de Turin (Italie).

Médailles de vermeil. — Le professeur Castrogiovanni, de Turin (Italie). — *Le Moniteur des Soies*, dirigé par M. Duplat, de Lyon. — Chamecin, chimiste et professeur, à Lyon. — Thurigna, de Grenoble. — Delprino, de Turin (Italie).

Médailles d'argent. — Rolland à Orbes (Suisse). — Rouffia, instituteur à Perpignan. — Isidore Dell'oro de Yokohama (Japon). — Toussain Rey à Annecy (Haute-Savoie). — Nourrigat, de Lunel.

Médailles de bronze. — Le docteur Brouzet, de Nîmes. — Orlandi, de Milan (Italie).

— Jacquemet Bonnefond, pépiniériste à Annonay. — Mmes Ansoux de Lyon. — André, de Lyon. — Veuve Hilarion-Meynard de Valréas. — Duquaire de Guerrins. — MM. Frèrejean de Thoissey. — Crevat, de Loyette. — Mmes Henry de Lyon. — Fége de Bony. — Mlles Rosalie et Clorinde Machard d'Annecy. Mme Nontas, de Lyon.

Sur la proposition de M. le vicomte de la Loyère, le congrès, par un vote unanime, a en outre, décerné *une médaille d'or* à M. Victor Pulliat, vice-président de la Société régionale de viticulture de Lyon, pour ses travaux sur les cépages.

RENSEIGNEMENTS

1° MM. les Exposants qui désireront recevoir leurs diplômes par notre entremise, n'ont qu'à nous envoyer **80** centimes en timbres-poste, avec leur autorisation pour aller les retirer à l'Administration de l'Exposition, condition indispensable, mais qu'il leur sera d'autant plus facile de remplir, que nous en intercalons le modèle dans cet opuscule, et qu'il suffira de nous le renvoyer après l'avoir rempli et signé.

2° Ceux qui désireront posséder en galvanoplastie les modèles des médailles qu'ils ont obtenues, pour les placer dans leurs médaillers, sont priés de nous en faire la demande en indiquant le format et le genre qu'ils désirent. Nous leur expédierons un tarif de nos prix par le retour du courrier.

3° Nous tenons enfin à la disposition des personnes que cela peut intéresser, la collection des vues de l'Exposition (intérieur et extérieur) faites par l'habile concessionnaire, M. VICTOIRE. — Grâce à une heureuse combinaison, il nous est possible de donner ces vues à un prix très-modéré.

Format *Carte*........................ **3** fr. la douzaine.

Format *Album*........................ **6** fr. la douzaine.

Format *Stéréoscope*.................. **6** fr. la douzaine.

Grande et splendide vue panoramique.... **10** fr. la pièce.

NOTA. — Envoyer le montant avec la commande. — Expédition *franco* par le retour du courrier.

4° Nous avons l'honneur d'annoncer la mise en vente d'un fort beau volume *in-quarto* illustré, que nous venons de publier sur l'Exposition de Lyon, et intitulé :

LES MERVEILLES DE L'INDUSTRIE

A L'EXPOSITION DE LYON

Cet ouvrage est une étude sérieuse des produits envoyés à l'Exposition. Il contient en outre la composition de chaque Jury et la liste exacte de tous les récompensés.

Prix : 10 francs.

Toutes les demandes devront être adressées :

A PARIS	A LYON
à M. **Ernest FONTÈS**	à M. **Henry De LAGORCE**
Membre du Jury	Imprimerie Vᵉ CHANOINE
13, rue de l'Ancienne-Comédie	10, place de la Charité, 10

EXPOSITION UNIVERSELLE DE VIENNE

M. Ernest Fontès devant publier, en collaboration avec M. Henri Renou, à Vienne (Autriche), pendant l'Exposition universelle, un journal *(Gazette bijou)* intitulé :

L'INDUSTRIE FRANÇAISE

A L'EXPOSITION DE VIENNE

Croit intéresser Messieurs les industriels en leur annonçant que le 1er numéro de cette feuille paraîtra le *15 janvier, à Paris.* — Il sera envoyé *gratis* à toute personne qui en fera la demande *franco*.

La combinaison adoptée par ce journal est une véritable révolution dans le domaine de la publicité, et les avantages qu'il offrira sont si considérables, que nous croyons devoir la signaler à l'attention du monde industriel.

Administration du journal, 21, rue de la Banque

PARIS

www.ingramcontent.com/pod-product-compliance
Lightning Source LLC
LaVergne TN
LVHW010057230826
846091LV00005B/1967